第２回
公認心理師試験
問題と解説

学樹書院

本書は第２回公認心理師試験（令和元年８月４日実施分）の解説書です。

［解答の○×表記について］
既刊『第１回公認心理師試験　問題と解説』では正答である選択肢に「○」、正答でない選択肢に「×」を表記していたが、本書では、読者が問題の全文を読まなくても選択肢の記述が正しいかどうかがわかるように、正答か正答でないかにかかわらず常に、内容が正しい（適切な）選択肢には「○」、誤っている（不適切な）選択肢には「×」を表記することとした。正答の選択肢番号は各頁の末尾に記した。

序　文

ここに『第２回公認心理師試験　問題と解説』をお届けします。第２回公認心理師試験は 2019 年８月４日に実施されました。受験者数は 16,949 人、合格者数は 7,864 人で合格率は 46.4％でした。第１回公認心理師試験（受験者数 35,020 人、合格者数 27,876 人、合格率 79.6％）と較べて受験者数も半数以下となっていますが、予想されていた通り、合格率も顕著に減少しています。今後、合格率がどの程度のところに落ち着いていくのかはまだ判断がつきません。

出題の傾向についてもまだ２回の試験しか経ていない現状では、確実なことはいえません。率直にいって今回も、普通に勉強している限りでは試験対策のしようがない、いわゆる難問奇問が出題されており、試験としての質が安定するにももう少し時間がかかりそうです。とはいえ第１回、第２回と２度の試験を経たことで、重点的に出題されやすい領域も徐々に見え始めてきています。特に条文に目を通して理解しておくべき法令はかなりはっきりしてきたのではないでしょうか。

第３回公認心理師試験は、2020 年６月に実施される予定です。第３回からはいよいよ、公認心理師法が施行されて以降に大学院修士課程に入学し、所定の科目を修了した正規の受験者が試験に挑むことになります。本書を通して、読者の皆さんの課題がより明確となり、学習が効果的に進んでいくことを願っています。

さて今回の『第２回公認心理師試験　問題と解説』では前著を執筆された３名の先生から執筆陣が総入替えする形になっています。時間的にも内容的にも私ひとりでは到底期限内に出版させることは叶いそうになかったので、日頃一緒に勉強する機会のある優秀な若手および中堅の臨床家の力を借りることにしました。簡明かつ充分な解説という前著のよい点を可能な限り引き継ぎたいという私の願いを理解して、皆が真剣によい原稿を書いてくれたと思っています。もちろん私は全ての原稿に目を通して、必要であれば朱を入れています。

最後になりますが、前著を執筆された渋井総朗先生、富田拓郎先生、山崎久美子先生にこころからの敬意を表します。また学樹書院の吉田和弘さんと平尾真理さんのご尽力に感謝いたします。

2019 年 12 月

池田暁史

執筆者一覧（五十音順）

安藤美波　横浜西口カウンセリングルーム，他
飯野綾香　東京都公立学校スクールカウンセラー，他
池田暁史　文教大学人間科学部 臨床心理学科
池田恒平　東京都公立学校スクールカウンセラー，他
越膳航平　東京大学医学部附属病院 精神神経科
大場康平　まちどりクリニック，他
尾久守侑　慶應義塾大学医学部 精神神経科
白神　理　公立学校共済組合 関東中央病院 精神科
玉田　幸　中野カウンセリングオフィス
西尾ゆう子　北大阪メンタルヘルス 渡辺カウンセリングルーム
濱本　優　東京大学大学院医学系研究科 こころの発達医学分野
星野修一　大阪・京都こころの発達研究所　葉（よう），他
水越貴也　ハレこころのクリニック大宮，他
茂市耕平　池袋カウンセリングセンター，他
山口昂一　目白大学心理カウンセリングセンター

目　次

▶ 問 1　　公認心理師法（第 2、43、44 条）

公認心理師の業務や資格について、正しいものを 1 つ選べ。

① 診断は公認心理師の業務に含まれる。

② 公認心理師資格は一定年数ごとに更新する必要がある。

③ 公認心理師の資質向上の責務について、罰則が規定されている。

④ 公認心理師が業務を行う対象は、心理に関する支援を要する人に限定されない。

⑤ 公認心理師以外でも、心理関連の専門資格を有していれば「心理師」という名称を用いることができる。

重要事項

公認心理師法について基本的知識を問う問題。公認心理師法第 1 章「総則」には「目的」「定義」「欠格事由」が、第 4 章「義務等」には「信用失墜行為の禁止」「秘密保持義務」「連携等」「資質向上の責務」「名称の使用制限」が記載されており頻出問題である。

① ×　「診断」は医師資格を有する者のみが行うことができる業務独占権である。公認心理師法第 1 章第 2 条「定義」には、公認心理師の業務が定められている。それらは以下の 4 つである。1「心理に関する支援を要する者の心理状態の観察、その結果の分析」2「心理に関する支援を要する者に対する、その心理に関する相談及び助言、指導その他の援助」3「心理に関する支援を要する者の関係者に対する相談及び助言、指導その他の援助」4「心の健康に関する知識の普及を図るための教育及び情報の提供」。

② ×　公認心理師資格を得るには公認心理師試験に合格し公認心理師登録簿に登録を受ける必要があるが、資格は更新制ではない。

③ ×　公認心理師法第 4 章第 43 条に「資質向上の責務」が定められているが罰則はない。

④ ○　公認心理師の業務には「心理に関する支援を要する者の関係者に対する相談及び助言、指導その他の援助」や、広く「心の健康に関する知識の普及を図るための教育及び情報の提供」が含まれる。

⑤ ×　公認心理師は名称独占資格である。公認心理師でない者は、公認心理師の名称又は心理師という文字を用いた名称を使用してはならないと定められている（公認心理師法第 4 章第 44 条）。他方、公認心理師資格は業務独占ではないので、他の資格を持つ専門家も公認心理師と類似の業務を行うことができる。

正答　④

▶問 2

多職種連携

統合失調症のデイケア利用者Aについてのケア会議で、スタッフBが「Aさんは気難しく、人の話を聞いていないので関わりが難しい」と発言した。Aには幻聴がある。

会議の中で、Bの発言に対する公認心理師の対応として、最も適切なものを1つ選べ。

① スタッフの交代を提案する。
② 専門職に困難はつきものであると諭す。
③ 幻聴についてどの程度の知識があるかを質問する。
④ どのような場面で関わりが困難と感じるかを質問する。
⑤ 関わりを拒否するような態度は正しくないことを指摘する。

重要事項

精神科デイケアは、主に精神障害を持つ者が集まり、関わりを通して症状の回復・安定や生活習慣の改善、社会参加を目指していくグループ・アプローチの一つである。デイケアのスタッフは医師、看護師、作業療法士、精神保健福祉士、心理職など多くの専門職で構成されている。公認心理師に求められる役割として、利用者一人ひとりの心理的特徴や状態を把握し、個別理解に基づいた効果的な関わり方や留意点を他の専門家に伝えることが挙げられる。

① ×　多職種連携が必要なチーム治療における公認心理師は、他の専門職は心理学に特化した専門性は有していないことを念頭におき、利用者に対する適切な関わりを各専門職が主体的に取れるような「相談・指導・助言」を行うことが求められる。スタッフBとの話し合いを深める前にスタッフ交代の提案をすることは、連携を早急に断ち切るもので適切ではない。

② ×　専門職に困難はつきものであると一般論を諭すだけでは利用者Aの理解や具体的な解決に結びつかない。スタッフBがAに対して感じる「関わりの難しさ」はどのようなものかを明らかにすることによって、適切な助言や情報提供、環境調整が可能になる。

③ ×　最初の段階で幻聴に関する知識の程度を問うことは「関わりの難しさ」を幻聴に関するものと限定することにつながりかねない。一方的な「相談・指導・助言」にならないためには、スタッフBがAに対して感じる「関わりの難しさ」には色々な可能性があることに留意し、傾聴的態度でそれが何によるものであるかを明らかにすることが必要である。

④ ○　スタッフBがAに対して感じる「関わりの難しさ」を具体的に尋ねることによって、Aの特性や症状理解に基づいた適切な助言を行うことができる。

⑤ ×　スタッフBの発言を「関わりを拒否するような態度」と捉えるのではなく、中立的に傾聴することが必要である。また、それを契機に利用者Aの理解をスタッフ全員で深め、より良い関わり方を共有することが求められる。

正答　④

▶問 3

20 世紀前半の心理学の 3 大潮流とは、ゲシュタルト心理学、行動主義ともう 1 つは何か、正しいものを 1 つ選べ。

① 性格心理学
② 精神分析学
③ 認知心理学
④ 発達心理学
⑤ 人間性心理学

重要事項

科学としての心理学の誕生は 1879 年にドイツの W. Wundt が心理学実験室を開設した時とされる。その後発展した重要な学派や理論を歴史的観点から整理しておきたい。20 世紀初頭に M. Wertheimer、K. Koffka、W. Köhler を中心に理論化されたゲシュタルト心理学は、Wundt の要素主義から脱却し、心の現象を有機的でまとまりのある全体（ゲシュタルト）として捉え、部分に対する全体の優位を説いた。J. Watson が創始した行動主義は、心理学は行動の科学であるとして客観的に観察や測定が可能な行動のみを研究対象とした。意識や主観を排して客観性を重視する S-R 理論（stimulus-response theory）は、20 世紀初頭のアメリカで隆盛し新行動主義や行動療法の成立につながった。

① ×　性格心理学は個人のパーソナリティや個人差、個人差の成り立ちを科学的に理解し記述しようとする心理学の一領域で、知能検査や心理査定法の開発とともに進展した。よく知られた理論として、性格特徴をタイプ化し分類を行う「類型論」と、性格の構成要素である特性を仮定し、個々の特性をどの程度持っているかで性格を表す「特性論」がある。

② ○　S. Freud は神経症の治療実践を基に、人の心に無意識を想定する力動的な心の理解と治療論を体系化して 20 世紀前半のヨーロッパ・北米社会に多大な影響を与えた。精神分析理論は心理療法や事例研究の源流とされる。

③ ×　認知心理学は 1950 年代から徐々に台頭したパラダイムである。その最大の特徴は、行動心理学ではブラックボックスとして扱われていた認知的側面（知覚、記憶、推論といった知的過程）をコンピューターの情報処理メカニズムになぞらえて捉える点である。

④ ×　発達心理学は胎児から死にいたるまで人の心身はどのようなプロセスをたどり発達するのかを研究する領域で、実験心理学や認知心理学といった基礎的な心理学理論を土台に 20 世紀後半に進展した。

⑤ ×　人間性心理学は、行動主義や精神分析に代わる「第 3 の勢力」として 1960 年代にアメリカで誕生した。A. Maslow や C. Rogers が中心となり、人間の健康で肯定的な側面を重視して成長や自己実現をテーマとする理論が提唱された。

正答　②

▶ 問 4　　子どもの知能検査

普通教育に適する子どもとそうでない子どもを見分けるための検査法を最初に開発した人物は誰か、正しいものを 1 つ選べ。

① A. Binet
② D. Wechsler
③ E. Kraepelin
④ F. Galton
⑤ J. Piaget

重要事項

重要な心理学者と心理検査法の知識が問われる問題。心理検査は大別して知能や発達の状態を把握する目的で用いられるものと、パーソナリティを把握する目的で用いられるものがある。A. Binet や D. Wechsler の開発した知能検査は改訂を重ねて現在でも使用されている。

① ○　フランスの心理学者 A. Binet は、1905 年にフランス政府の依頼を受けて子どものための知能検査を開発した。その目的は普通教育に適する子どもとそうでない子どもを判別し、知的な遅れを持つ子どもに必要な支援を行うことであった。子どもの実年齢である「生活年齢」に対し知能水準としての「精神年齢」という概念が導入され、発達を量的に捉えることが可能となった。

② ×　D. Wechsler はアメリカの心理学者。1939 年に成人用のウェクスラー・ベルヴュー知能検査を発表した。児童用として WISC が 1949 年に開発された。彼が唱えた知能の定義は「個人が、目的的に行動し、合理的に思考し、効果的に自分の環境を処理する総合的または全体的な能力」である。

③ ×　E. Kraepelin は 20 世紀初頭のドイツの精神科医・心理学者。作業心理の研究を行う中で、連続して数字を加算させる実験から作業機能のパターンを見出した。後にこの方法は内田勇三郎によって作業検査「内田・クレペリン精神作業検査」として標準化され日本に広まった。

④ ×　F. Galton は 19 世紀イギリスの学者で、統計学的アプローチで遺伝や進化について研究し、初めて優生学を唱えた。統計学における相関係数の概念を提唱したことでも知られる。進化論を提唱した自然科学者 Darwin の従兄にあたる。

⑤ ×　J. Piaget はスイスの心理学者で、1920 年以降、独自の臨床法によって子どもの思考、言語、記憶、推論、道徳判断などの発達研究に取り組んだ。認知機能の発達を「感覚運動期」「前操作期」「具体的操作期」「形式的操作期」の 4 段階に整理した発達段階説や、認識が発生するプロセスを探求する発生的認識論を提唱して発達心理学に大きな影響を与えた。

正答　①

▶問 5　　　　　　　　　　　　　　　　　　　実験における変数

実験は実験者が操作する変数と観測される変数によって組み立てられるが、前者以外にも後者に影響を与える変数があることが多い。この変数は何か、正しいものを 1 つ選べ。

① 従属変数
② 剰余変数
③ 独立変数
④ 離散変数
⑤ ダミー変数

重要事項

変数（variable）とは、測定対象によって値が変化するものであり、心理学実験では、ある変数が他の変数に与える影響を調べる。例えば騒音の大きさが作業の能率に及ぼす影響を実験によって調べる場合、騒音の大きさを 80 ホーン条件、40 ホーン条件などいくつかの条件に分け、それぞれの条件ごとの作業能率の変化を見る。この場合の騒音の大きさのように、因果関係における原因と想定され、実験者が操作する変数を独立変数と呼ぶ。作業能率のように、因果関係における結果と想定され、独立変数の操作によって変動する変数が従属変数である。しかしながら、実験者が想定している要因のみが従属変数に影響を及ぼす要因であるとは限らず、別の要因が影響することもある。先の例であれば、騒音の大きさ以外にも、部屋の温度や明るさ、被験者の手先の器用さや作業に対する習熟度、作業の難易度などが影響要因として想定し得る。こうした、実験者が想定した独立変数以外の従属変数に影響を与えうる要因を、剰余変数と呼ぶ。

① ×　従属変数は観測される変数のことである。
② ○　剰余変数は、実験者が操作する変数以外の、従属変数に影響し得る変数を指すので、この選択肢が正答となる。
③ ×　独立変数とは、実験者が操作する変数のことである。
④ ×　時間や長さ、温度などのように連続した値を取る変数を連続変数（continuous variable）と言うのに対して、離散変数（discrete variable）は人数や頻度のように、とびとびの値しか取りえない変数のことである。例えば、温度であれば 30℃と 31℃の間には 30.3℃などが存在するため連続しているが、人数であればひとりとふたりの間の 1.5 人ということは実際には存在せず、連続性がない。
⑤ ×　ダミー変数（dummy variable）とは、真か偽かといった 2 値型データや、カテゴリカルデータ（名義尺度のデータなど）のような、もともと数値でないデータを、0 と 1 を用いて数量化した変数を指す。

正答　②

▶ 問 6

順序尺度によるデータの散布度として、正しいものを 1 つ選べ。
① 中央値
② 平均値
③ 標準偏差
④ 不偏分散
⑤ 四分位偏差

重要事項

データはその性質によって、名義尺度、順序尺度、間隔尺度、比率尺度に分類される。名義尺度は、例えば性別や血液型のように、質的な違いによってカテゴリー分けしたデータで、量的特性や配列順序を持たない。順序尺度は、優・良・可の段階に分けた成績評価などのように、大小の順序を反映してはいるが、その間隔を数量化できないものを指す。間隔尺度と比率尺度はいずれも量的特性を持つが、比率尺度は量が 0 である点を持つ一方、間隔尺度にはそうした点がないという違いがある。
散布度は、代表値と並んで、データの特徴を知る上で参考になる値である。代表値とはそれらのデータの中で最も一般的・典型的な値を表す指標で、平均値や中央値などがある。しかし、代表値が同値でも、それぞれのデータの値の散らばりが大きいか小さいかでデータの持つ意味合いは異なる。そのようなデータの散らばりの程度を表す値が散布度である。
代表値として平均値が意味を持つのは、値の数量化が可能となる間隔尺度、比率尺度である。順序尺度は代表値として平均値を取れず、中央値か最頻値が採用される点に留意する。

① ×　中央値（median）はデータを大きさの順に並べたときに真ん中に位置する値である。
② ×　平均値（mean）は、代表値の一種で、データの総和をデータ数で割った値である。
③ ×　標準偏差（standard deviation）は、代表値の指標として平均値を用いる場合の散布度の指標である。標準偏差は、平均値からの偏差（個々の値と平均値の差）の 2 乗の平均の平方根であり、個々の値が平均値から離れている程度についての標準的な値を示す。
④ ×　データのばらつきを表すために用いられる指標を分散と言い、平均値からの偏差（個々の値と平均値の差）の 2 乗の平均により求められる。これは標本における分散であり、標本から母集団の分散を推定するために用いられる指標が不偏分散である。分散および不偏分散は平均値をもとに計算されるため、不適切な選択肢である。
⑤ ○　四分位偏差（quartile deviation）とは、代表値として中央値を用いる場合の散布度の指標であり、これが適切な選択肢となる。

正答　⑤

▶問 7

量的な説明変数によって 1 つの質的な基準変数を予測するための解析方法として、最も適切なものを 1 つ選べ。
① 因子分析
② 判別分析
③ 分散分析
④ 重回帰分析
⑤ クラスター分析

重要事項

統計手法についての問題で、量的な説明変数から質的な基準変数を予測することを目的とした解析方法は何かが問われている。説明変数とは因果関係における原因として想定される変数で、独立変数とも呼ばれる。基準変数は因果関係における結果として想定される変数であり、従属変数や目的変数とも呼ばれる。統計手法は説明変数および基準変数が量的データか質的データかによって用いるものが変わってくる。また、因果関係を仮定した上でその予測や説明を目的とするのか、複数の変数間の関連性を検討するのかなど、分析の目的によっても用いられる解析方法は異なる。

① ×　因子分析における因子とは実際に測定されるものではなく、測定された変数間の相関関係をもとに導き出される潜在的な変数と言える。因子分析は多くの量的な説明変数に存在する共通因子を探ることを目的としている。扱うデータはすべて量的データであり、目的変数を予測するものでもないため、不適切である。

② ○　判別分析は複数の量的な説明変数から、ひとつの質的な基準変数を予測、説明する手法である。例えば、体重や血圧といった量的変数から、脳卒中などの病気の有無を判別する場合に用いられる。これが適切な選択肢となる。

③ ×　分散分析（ANOVA；analysis of variance）は、3 群以上のグループ間の平均値を比較する手法で、間隔尺度以上の量的データを基準変数とする。そのため、不適切である。

④ ×　重回帰分析は、複数の量的な説明変数から、ひとつの量的な基準変数を予測・説明する際に用いられる手法である。基準変数は量的なので、不適切な選択肢である。

⑤ ×　クラスターとは「房」や「群れ」を意味する。クラスター分析では一定の手続きによって似ている個体や変量をまとめ、グループ分けを行う。順序尺度にも適用できるが、間隔尺度以上の尺度水準であるほうが望ましいとされる。クラスター分析は基準変数を予測するわけではないため、不適切である。

正答　②

▶ 問 8　　プライミング

プライミングについて、正しいものを 1 つ選べ。

① 間接プライミングは、主にエピソード記憶研究で用いられる。
② 直接プライミングは、先行情報と後続情報の間に意味的関連性が強い場合に生じる。
③ プライミングは、絵などの画像刺激では生じず、単語などの言語刺激のみで生じる。
④ プライミングには、先行情報が後続情報の処理を促進するだけでなく、抑制する場合もある。
⑤ プライミングは、先行情報が閾下呈示された場合は生じず、閾上呈示された場合のみで生じる。

重要事項

プライミングとは、先行して提示された情報（プライム）が後続の情報（ターゲット）の処理に影響を与えることを指している。2 つの文字列が継時的に提示され、それらが有意味語か無意味語かを判別する課題では、「心理師」と「ミカン」よりも「リンゴ」と「ミカン」のように、意味的関連がある方が、2 番目の文字列に対する反応が速くなることが知られている。こうした意味的関連性により惹起されるプライミング効果を意味的プライミング効果（semantic priming effect）ないし間接プライミング効果（indirect priming effect）と呼ぶ。その効果は数秒後には消失することが知られている。意味的プライミングの発生機序として、活性化拡散モデルが挙げられる。これは概念や概念がもつ特徴が意味的な関連性に基づいて配置されていると仮定するモデルである。それに対して、直接プライミング効果（direct priming effect）とはプライム語とターゲット語が同一の語である場合で、反復プライミング効果（repetitive priming effect）とも呼ばれる。この場合は効果が 1 週間以上など長期にわたって継続するとされている。

① ×　プライミングは非宣言的記憶であり、宣言的記憶であるエピソード記憶とは区別される。プライミングがよく用いられるのは、潜在記憶の研究である。
② ×　直接プライミングは、先行情報と後続情報が同一である場合に生じるものである。
③ ×　プライミングの研究には、プライムとして絵を提示し、ターゲットとして不完全な絵を提示してその名称を言わせる部分絵画命名課題がある。画像刺激によってもプライム効果が生じるとされている。
④ ○　プライミングは抑制的効果を持つ場合がある。こうした場合はネガティブプライミング効果と呼ばれることがある。
⑤ ×　プライムは閾下提示された場合であっても同様の効果が認められる。これは閾下プライミング効果と呼ばれることがある。

正答　④

▶ 問 9

条件づけ

ある刺激に条件づけられた反応が他の刺激に対しても生じるようになることを何というか、正しいものを 1 つ選べ。

① 馴化
② 消去
③ 般化
④ シェイピング
⑤ オペラント水準

重要事項

条件づけにはレスポンデント条件づけ（古典的条件づけ）やオペラント条件づけがある。前者は刺激と反応あるいは刺激と刺激が経験によって結びつく、連合学習の一種である。「パヴロフの犬」の実験のように、ある刺激に対する反射として起こる反応が、連合した別の刺激でも起きるようになる学習を指している。後者は、オペラント行動（自発的に生起する行動）に対して、その行動の結果として与えられる報酬（強化子）や罰（弱化子）によって、行動の生起頻度が変化することを指している。B. F. Skinner によって体系化された行動分析学がその代表である。こうした学習理論に関する概念や用語の正確な理解が求められる。

① ×　馴化とは、同じ刺激入力が繰り返されると、それに対する反応が徐々に弱まる現象を指す。例として、部屋に入った際には臭いが気になっても、その部屋に居続けるうちに段々と気にならなくなることが挙げられる。

② ×　強化されて生起頻度が増したオペラント行動でも、強化子が与えられなくなった場合には段々と生起頻度が下がっていく。こうした現象を消去と呼ぶ。

③ ○　般化とはある刺激やある場面に対して条件づけられたり、強化されたりした反応が、別の類似した刺激や場面でも生起頻度が高まる現象を指している。

④ ×　シェイピングはSkinnerによって提唱された応用行動分析をベースとした、最終的に目指す行動をスモールステップに分類して段階的に形成（シェイピング）していく技法である。例えば、子どもに着替えを教える際に、服に袖を通す、ボタンを留めるなどスモールステップで標的行動を設定し、ひとつずつ順に強化していくといったやり方である。

⑤ ×　オペラント水準とは、オペラント条件付けによる行動変容以前の、オペラント行動の自然な出現頻度を指す。オペラント水準の高い行動（元々よくする行動）であるほど、オペラント条件付けでその行動が形成されやすいとされている。

正答　③

▶ 問 10

社会的判断に用いる方略を 4 種類に分類し、用いられる方略によって感情が及ぼす影響が異なると考える、感情に関するモデル・説として、正しいものを 1 つ選べ。

① 感情入力説
② 認知容量説
③ 感情混入モデル
④ 感情情報機能説
⑤ 感情ネットワークモデル

重要事項

社会的判断に感情が与える影響については、ポジティブ気分時とネガティブ気分時では情報処理の方略そのものが異なるという仮説が立てられている。例えば、感情混入モデルでは、ポジティブ気分時には直観に合う情報のみに注目しそれ以外は無視したヒューリスティック型の処理がなされる一方で、ネガティブ気分時にはより精緻な情報処理である実質処理型の処理が用いられると提示されている。

① × L. L. Martin らが唱えた感情入力説では、気分と処理方略が一対一対応するとする感情混入モデルの想定を否定し、気分の情報的意味はそれが利用される文脈の影響を受けると指摘した。例えば遊びの場合、楽しんでいたものに飽きるなど、ポジティブ気分がネガティブ方向に変化したときに行動が制止される。一方、試験勉強では、不十分であるというネガティブ気分が行動を継続させ、十分やったというポジティブ気分が終止する判断につながる。

② × A. M. Isen の説で、気分による認知方略の違いを、認知容量の消費という観点から論じた。ポジティブ気分時にはポジティブな事項が、ネガティブ気分時にはネガティブな事項が活性化され、ポジティブ時の方が活性化が広範となり、ネガティブ時よりも認知容量を消費されるために、緩やかなヒューリスティック型の処理が誘発されるとしている。

③ ○ J. P. Forgas が提唱したモデルである。感情の影響を受けるヒューリスティック型、実質処理型の他、直接アクセス型、動機充足型という 4 種類の方略が挙げられている。

④ × 感情情報機能説は N. Schwarz が提唱した。社会的判断をする際、その事象に対する自らの感情が良ければ良い事象であり、悪ければ悪い事象であると判断するなど、自分の感情が手がかりとして利用されるとする説である。

⑤ × G. Bower によって提唱された。感情はそれに伴う自律的反応、その感情を引き起こす出来事の知識などとリンクし、ネットワークを形成しているとする。つまり、特定の感情が生起すると、それとリンクしている記憶や出来事などが活性化することになる。

正答 ③

▶問 11　　パーソナリティ障害

秩序や完全さにとらわれて、柔軟性を欠き、効率性が犠牲にされるという症状を特徴とするパーソナリティ障害として、最も適切なものを 1 つ選べ。
① 境界性パーソナリティ障害
② 強迫性パーソナリティ障害
③ 猜疑性パーソナリティ障害
④ スキゾイドパーソナリティ障害
⑤ 統合失調型パーソナリティ障害

重要事項

DSM-5 はパーソナリティ障害（PD）の類型として、問題の上記の選択肢の他に、反社会性 PD、演技性 PD、自己愛性 PD、回避性 PD、依存性 PD を挙げている。これらは奇妙で風変わりな A 群、演技的・情緒的で移り気な B 群、不安や恐怖で特徴づけられる C 群の 3 つに分類される。A 群には猜疑性 PD、スキゾイド PD、統合失調型 PD が、B 群には反社会性 PD、境界性 PD、演技性 PD、自己愛性 PD が、C 群には回避性 PD、依存性 PD、強迫性 PD が含まれる。この問題で問われた以外の各パーソナリティ障害についても DSM-5 の記載に目を通しておくとよい。

①×　境界性パーソナリティ障害は対人関係、自己像、感情などの不安定と著しい衝動性が特徴である。
②○　その通り。
③×　猜疑性（妄想性）パーソナリティ障害は他人の動機を悪意あるものと解釈するといった、不信と疑い深さを特徴とする。
④×　スキゾイド（シゾイド）パーソナリティ障害は社会的関係からの離脱と感情表出の範囲が限定されることを特徴とする。
⑤×　統合失調型パーソナリティ障害は親密な関係において急に不快になることや、認知または知覚的歪曲、および行動の風変わりさを特徴とする。

正答　②

▶ 問 12

神経細胞の生理について、正しいものを 1 つ選べ。
① グルタミン酸は抑制性神経伝達物質である。
② 活動電位は樹状突起を通して標的に送られる。
③ 無髄線維では有髄線維より活動電位の伝導速度が速い。
④ シナプス後細胞の興奮性シナプス後電位は「全か無かの法則」に従う。
⑤ 1 つの神経細胞における個々の活動電位の大きさは刺激の強さにかかわらず一定である。

重要事項

神経細胞（ニューロン）は、情報伝達と情報処理を行う神経系を構成する細胞である。樹状突起で他の細胞から受けた入力刺激は軸索を伝わり、軸索末端から次の神経細胞へと情報が伝達される。軸索には、髄鞘（ミエリン）を持つ有髄線維と、髄鞘を持たない無髄線維がある。軸索末端からは、神経伝達物質が放出され、これが次の細胞への情報伝達の役割を果たす。

① ×　グルタミン酸は興奮性の神経伝達物質であり、さまざまな精神・神経疾患のメカニズムとの関連が示されている。抑制性の神経伝達物質には、γ-アミノ酪酸（GABA）がある。
② ×　活動電位は、軸索を通して標的に送られる。樹状突起は他の神経細胞からの入力の役割を果たす。
③ ×　無髄線維では、有髄線維より活動電位の伝達速度が遅い。有髄線維には髄鞘があり、髄鞘と髄鞘の間隙（ランビエ絞輪）のみを活動電位が移動する（跳躍電導）ため、伝達速度が速くなる。
④ ×　シナプス後膜にある受容体は、全か無かの法則（⑤の解説参照）ではなく、神経伝達物質の量に比例して開口し、段階的反応を示す。
⑤ ○　神経細胞に情報が伝わると静止膜電位が上がり、ある閾値を超えたところで脱分極し、活動電位が発生する。刺激の種類によらず、ある閾値を超えれば活動電位が発生するが、超えなければ発生せず、閾値以上の電位でも活動電位は同じであることを「全か無かの法則」という。

正答　⑤

▶ 問 13

集団心性

多くの人がいると、一人のときにはするはずの行動が生じなくなる傾向に関連する概念として、正しいものを 1 つ選べ。
① 社会的促進
② 集合的無知
③ 集団極性化
④ 情報的影響
⑤ 傍観者効果

重要事項

社会心理学の集団に関する概念についての知識が問われている。集団の影響は、本問で問われているように行動を抑制する場合だけでなく、促進したり、極端な行動を取らせたりする場合があるため、その点に留意する。

① × 社会的促進とは、他者の存在によって個人の課題遂行のパフォーマンスが上がる現象である。ただその場に観察者がいるだけで課題遂行が促進される場合は観察者効果と呼ばれる。同一の課題を同時に、かつ独立に行う他者がいることで課題遂行が促進される場合を共行動効果と言う。これとは反対に、課題や作業に対する責任が分散されることで課題遂行が抑制される社会的手抜きが存在する。

② × 集合的無知ないし多元的無知は、集団の多くの成員が、自らはその集団規範を受け入れていないにもかかわらず、他の成員のほとんどがその規範を受け入れていると信じている状況と定義される。例えば、傍観者効果が生じている状況であれば、自らは援助をすべきだと感じているにもかかわらず、周囲の人達が援助行動に出ない様子を見て、彼らが援助行動を起こす必要が無いと信じていると判断し、援助行動を控えてしまうことが挙げられる。集合的無知は行動を抑制するだけでなく促進する場合もあるため、不適切である。

③ × 集団極性化とは、集団の閉鎖性や集団への過大評価などの要因によって、個人で判断する場合よりも極端な結論に至る現象である。より大胆な判断に導かれるリスキーシフト、より保守的な方向に向かうコーシャスシフトがある。

④ × 情報的影響とは、自分の意見に自信がないときに、集団の意見が判断の拠り所となることを指している。これも必ずしも行動を抑制する方向に働くとは限らないため、不適切である。

⑤ ○ B. Latane らによって提唱された。緊急事態に直面した際に、傍観者が多いほど援助行動が抑制される傾向のことである。原因としては責任の分散、集合的無知、聴衆抑制（援助行動に失敗して周囲の人に批難される不安から行動が抑制される現象）が挙げられる。

正答 ⑤

▶ 問 14

乳幼児の社会的参照について、正しいものを 1 つ選べ。
① 心の理論の成立後に生じてくる。
② 共同注意の出現よりも遅れて 1 歳以降に現れ始める。
③ 自己、他者、状況・事物という三項関係の中で生じる。
④ 自分の得た知識を他者に伝達しようとする行為である。
⑤ 乳幼児期以降、徐々にその頻度は減り、やがて消失する。

重要事項

社会的参照（social referencing）とは、未知なるモノや不確かな状況に遭遇した際に、他者の表情や反応等から情報を得ようとする行動を指す。一般的に生後 9 か月以降で社会的参照行動が見られるようになるとされる。社会的参照や共同注意などの萌芽がほぼ同期して認められる生後 9 か月頃を Tomasello は「9 か月の奇跡」と呼び、心的発達上のターニングポイントと推察している。

① ×　心の理論（theory of mind）は、他者の行動の理解や予測のために、その背後にある信念を推測する能力を指す。S. Baron-Cohen らの「サリーとアンの誤信念課題」などによって研究されてきた。4 歳以下の子どもはこうした誤信念課題に解答できないことが明らかにされてきたため、不適切な選択肢である。

② ×　共同注意（joint attention）の出現は社会的参照とほぼ同時期の生後 9 か月頃とされる。共同注意とは、自身が興味を持ったモノに対して、指さしや視線を用いて、他者と関心を共有する行為を指している。

③ ○　三項関係とは、自己と他者の二項関係に、そのどちらにも属さないモノが加わったものである。社会的参照は、自己、親などの他者、見知らぬ他者やモノという三項関係から成り立っている。

④ ×　社会的参照は他者の反応から情報を得ようとするものなので、この選択肢の内容は真逆である。

⑤ ×　成人であっても、独力で解決不能な状況や新規場面等において社会的参照を行っている。不適切な選択肢である。

正答　③

▶問 15

中枢性統合

自閉スペクトラム症／自閉症スペクトラム障害〈ASD〉の特性のうち「中枢性統合の弱さ」として説明できるのは次のうちどれか、正しいものを 1 つ選べ。
① 特定の物音に過敏に反応する。
② 他者の考えを読み取ることが難しい。
③ 目標に向けて計画的に行動することが難しい。
④ 細部にとらわれ大局的に判断することが難しい。
⑤ 状況の変化に応じて行動を切り替えることが難しい。

重要事項

ASD は、社会的コミュニケーションの障害と限局された反復的な行動が特徴とされる。その特性を説明する理論のうち、特に認知レベルからの理論が複数提唱されている。「中枢性統合の弱さ」仮説もその一つであり、ほかに「心の理論欠損」仮説、「実行機能障害」仮説などが有名である。

① ×　「感覚過敏」で説明できる。感覚過敏は、特定の感覚刺激に対して苦痛を感じたり、過度に否定的な反応を示したりすることであり、ASD では感覚刺激への反応に偏りがあることが多い。例として、雑踏の物音が気になって外出できない、食べ物のにおいや食感から特定のものしか食べられないなど、生活の様々なレベルで支障をきたすことが多い。

② ×　「心の理論欠損」仮説で説明できる。Baron-Cohen らによって 1995 年に提唱された理論で、「心的状態の帰属や、それに基づく行動の理解、予測、説明などを行う能力一般」と説明される。一例として、友人に無視されたときに「今日は急いでいたのかな」と相手の心から行動を推測することなどが挙げられる。ASD 者は、健常者と比較して、心の理論が障害されていると提唱されており、これが ASD の社会的コミュニケーションの障害の基盤となると説明される。

③ ×　「実行機能障害」仮説で説明できる。実行機能とは、「将来の目的を達成するために、適切な構えを維持する能力」と定義される。これには、目標を設定することや、計画を立てそれを実行すること、計画を必要に応じて修正して遂行の効率性を図ることなどが含まれる。実行機能が障害されると、計画的かつ柔軟で効率的な課題遂行が困難になる。

④ ○　「中枢性統合の弱さ」仮説で説明できる。中枢性統合とは、全体を大局的に把握できる能力のことである。ASD 者は中枢性統合が弱く、同時に複数の情報を処理することが苦手で、細部など一部分のみに注目してしまいやすい。

⑤ ×　③と同様に、「実行機能障害」仮説で説明できる。

正答　④

▶ 問 16　　神経心理学的テストバッテリー

神経心理学的テストバッテリーについて、正しいものを 1 つ選べ。
① 各心理検査は、信頼性が高ければ妥当性は問われない。
② Luria-Nebraska 神経心理学バッテリーは幼児用として開発された。
③ 固定的なバッテリーの補完としてウェクスラー式知能検査が用いられる。
④ 多くのテストを含む固定的なバッテリーが仮説を検証するために用いられる。
⑤ 可変的なバッテリーでの時計描画テストは、潜在する気分障害を発見するために用いられる。

重要事項

神経心理学的検査は、心理学的機能や精神機能を記述し、同定することで、脳機能や脳構造などの生物学的指標との関連を見出し、リハビリテーションや治療に役立つ資料を提供するために実施される。テストバッテリーを組む際には、対象となる患者の病前の情報を収集した上で、必要に応じて既存の検査の下位尺度を取り出して組み合わせることが有用となる。また、家族や介護者の観察に基づく機能評価も含めることで、検査結果の総合的な理解が可能となる。

① ×　人や状況を問わず、その検査の測定に変動がなく、同一の結果が得られるかを示しているのが信頼性であり、その検査が測定しようとするものをどの程度正確に測定しているかを示すものが妥当性である。この 2 種の統計的概念によって、各心理検査の質が支持される。

② ×　ルリア・ネブラスカ（Luria-Nebraska）神経心理学バッテリーは、A. R. Luria の脳モデルをもとに、脳損傷の存在の可能性を同定するための検査として開発された手法である。運動、リズム、触覚、視覚、受容性言語、表出性言語、書字、音読、算数、記憶、知能、中期記憶の 12 尺度からなり、特定の能力を測定するために一部の尺度や項目を抜き出して使用することもある。対象年齢は 15 歳以上とされる。

③ ○　固定的なテストバッテリーは患者の現在の反応を測定し、病前レベルを推測するために用いられる。これにより患者自身の病前の機能レベルとの比較が可能になるが、患者の反応を母集団の標準と比較することはできない。ウェクスラー式知能検査では標準化された母集団との比較による知的機能の情報が得られるため、固定的なバッテリーの補完として用いられる。

④ ×　1 つの検査をフルで実施するより、対象となる患者の病前の機能レベルを推測するために、検査の下位尺度を必要に応じて組み合わせて固定的なバッテリーとして使用することが重要であり、そのことにより、事前に立てられた仮説が検証されることになる。

⑤ ×　時計描画検査（CDT）は、時計を描き、数字を入れ、指定された時間を指すように針を描くことを求める検査である。気分障害ではなく、認知症や様々な種類の特異的な脳損傷を特定する判断材料の一つとして用いられる。

正答　③

▶ 問 17

治療関係

治療者自身が相互作用に影響を与えることを含め、治療者とクライエントの間で起きていることに十分注意を払うことを何というか、最も適切なものを 1 つ選べ。

① 自己開示の活用
② 治療同盟の確立
③ 応用行動分析の適用
④ 関与しながらの観察
⑤ 自動思考への気づき

重要事項

治療関係において、治療者の仕事は、一方的にクライエントの言葉や態度を観察することに留まらない。治療者は観察者であろうとしても、やり取りを通して必ずクライエントに影響を与えているし、それと同時にクライエントからの影響も受ける。治療者は主体的にクライエントに関わりをもつ一方で、治療者とクライエントとの相互交流で何が生じているのかを客観的に眺める視点を持たねばならない。

① × 自己開示は個人的な情報を相手に伝える行為である。自己開示を臨床場面で活用する際には、治療技法としてそれを用いるためのトレーニングが必須となるであろうが、そこでの強調点は、治療者–クライエント間で生じることへの関心というよりは、治療者からの一方向的な情報発信の程度と質ということになろう。

② × 精神分析における治療関係の中で生まれた概念であるが、現在では幅広く使用され、治療者–クライエント関係において治療を目的として構築される結びつきを指す。治療同盟の確立は、治療初期に重視されるものであり、治療関係全般における 2 者に生じていることへの注意とは異なるものである。

③ × 応用行動分析は、個人を取り巻く環境を調整することで、その個人の行動に影響を与えるアプローチであり、発達障害の療育を中心に幅広い分野で利用される手法である。クライエントの問題行動や改善が期待される行動に焦点があてられる。

④ ○ H. S. Sullivan が提唱した概念であり、観察者は被観察者に影響を与えずにはおかないという考えのもと、治療者は主体的にクライエントと言語的、非言語的コミュニケーションをとりつつ、その場で生じている交流の質を客観的に観察するというものである。

⑤ × 自動思考とは、ある体験をしたときに瞬間的に頭の中に流れてくる思考やイメージのことである。認知療法では、認知を自動思考とスキーマに分類し、まず表層にある自動思考を整理し、その自動思考の基礎となるスキーマに焦点を当てていく。

正答 ④

▶ 問 18

E. T. Gendlin は、問題や状況についての、まだはっきりしない意味を含む、「からだ」で体験される感じに注目し、それを象徴化することが心理療法における変化の中核的プロセスだとした。この「からだ」で体験される感じを表す用語を 1 つ選べ。

① コンテーナー
② ドリームボディ
③ フェルトセンス
④ フォーカシング
⑤ センサリー・アウェアネス

重要事項

フォーカシングは、E. T. Gendlin によって、人が曖昧な感じとして体験している意味の感覚に注意を向け、そこから浮かび上がる言葉や概念などを再び体験と照合するプロセスとして提唱されたものである。プロセスの中で人が体験する未形成の意味感覚がフェルトセンス（felt sense）と呼ばれ、フォーカシング指向心理療法ではこのフェルトセンスの概念化を目指す。

① ×　コンテーナーとは、精神分析家である W. R. Bion により提唱された概念である。最早期の乳児は考えることのできない情緒や苦痛を外部の対象へと投影同一化により排出する。母親はそうして排出されたものを抱え、もの思いを通して理解し、養育的な関わりによって乳児がそうした情緒を心で体験できるようにする。この母親の機能がコンテーナーであり、治療関係における治療者の機能に対応する。

② ×　ドリームボディとは、A. Mindell が創始したプロセス指向心理学において提唱される概念である。夢と身体のどちらかがその本質ということではなく、共時的な関係性をもつものであり、夢や身体現象に分岐して表現される以前の、全体的で根源的な無意識のプロセスのことを指す。

③ ○　この「からだ」で体験される感じがフェルトセンスと呼ばれるものである。

④ ×　上記のフェルトセンスの概念化を目指す心理療法がフォーカシングである。

⑤ ×　センサリー・アウェアネスとは E. Gindler によって「全体としての人についての勉強」として創始され、エサレン研究所の C. Selver がそれを体験的実習法として確立した。身体感覚を通して、今、起きていることを開かれた態度で体験するということに重きをおいており、それまでの従来の手法に東洋思想の手法を取り入れたものとされる。

正答　③

▶ 問 19

ライフサイクルと心の健康の関わりについて、正しいものを 1 つ選べ。

① 人の心身の発達は、成人期でピークになると考えられている。

② 女性の更年期障害は、閉経後に様々な身体症状や精神症状を来す病態である。

③ 青年期は、統合失調症、うつ病、社交不安症などの精神疾患の発症が増える時期である。

④ 各ライフサイクルにおいて対応を要する問題は、疾患の種類にはよらず年齢によって決まる。

⑤ 認知症は老年期に発症する病気であるため、成人期における認知機能の低下の原因としては別の疾患を考える。

重要事項

ライフサイクルの理論において代表的なものの一つに E. H. Erikson の心理社会的発達段階がある。個人の発達が社会との相互作用で生じてくる心理社会的発達と考え、人生を 8 つの発達段階に分け、各段階において特徴的な危機が生じるとした。また、ライフサイクルに伴う身体機能の変化は心にも影響を及ぼす。特に、生殖機能が著しく変化する思春期と更年期では、心身ともに性ホルモンによる影響を受ける。

① ×　人の心身の発達について以前は成人期をピークとする説があったが、現在では、結晶性知能のように中年期や老年期においてピークになる能力も推定されている。

② ×　女性の更年期は、閉経をはさむ前後 10 年間を指す。卵巣から分泌される女性ホルモンは、20 代、30 代においてピークを迎え、40 代に入り急激に減る。

③ ○　青年期には、思春期の第二次性徴に伴う身体面での変化があり、心理面では親からの独立に向けた準備が始まり、アイデンティティの確立が目指される。そしてこの時期は精神疾患の好発期でもある。

④ ×　各ライフサイクルにおいて生じやすい身体疾患や精神疾患があるため、年齢のみによってその段階が特徴づけられるとは言い難い。また、E. H. Erikson の理論では各発達段階において獲得される基盤は、次の段階における発達の基盤となるとされている。また、各段階における危機は、その段階で乗り越えられたとしても、後続の時期に繰り返し現れることがあるとされる。

⑤ ×　老年期以外にも、若年性 Alzheimer 病や、アルコール依存に由来する認知症（Wernicke-Korsakoff 症候群や血管性認知症）のように若年で発症する認知症も存在する。

正答　③

▶ 問 20　

我が国における児童虐待による死亡事例の近年の傾向として、正しいものを 1 つ選べ。

① 死因となった虐待種別はネグレクトが最も多い。
② 虐待の加害者は実父が最も多い。
③ 心中による虐待死事例における加害の背景は、「経済的困窮」が最も多い。
④ 心中以外の虐待死事例での被害者は 0 歳児が最も多い。
⑤ 心中以外の虐待死事例での加害者は 20 歳未満が最も多い。

重要事項

本問は「選択肢が不明確であるため」採点除外対象となった設問である。児童虐待の死亡事例等について把握するためには、厚生労働省が毎年公開している「子ども虐待による死亡事例等の検証結果等について」に詳しい。2003（平成 15）年度から毎年報告されており、本稿執筆時点での最新のものは第 15 次報告〔2017（平成 29）年度版〕である。年度毎にかなり内容に差異があり、本来、傾向を問う設問としては相応しくないテーマであるが、加害者としては実母が最も多いこと、心中以外では身体的虐待死が多く、0 歳児が最も犠牲になりやすいことなど幾つかはほぼ毎年同傾向を示すので、その点は把握しておきたい。

① ×　心中以外の虐待死としては身体的虐待によるものが最も多い。身体的虐待による虐待死と心中による虐待死とを比較すると、年によってどちらが多いかは異なる。

② ×　近年の報告では実母が 25 ～ 30% を占め、最も多い。

③ ×　不明確な選択肢である。通常、心中による虐待死事例の加害の動機としては「保護者自身の精神疾患、精神不安」が最も多い。したがって、本来であればこれは正しくない選択肢である。しかし最新のデータ（第 15 次報告）では「経済的困窮」が最も多く、単年度に限れば正しい選択肢ともいえる。

④ ○　心中以外の虐待死事例での被害者は、第 1 次報告以来一貫して 0 歳児が最も多い。近年でも 0 歳児が半数以上を占めており、事態を最も正確に反映した選択肢といえる。

⑤ ×　不明確な選択肢である。実母が加害者の場合、第 13 次報告では 20 ～ 24 歳、第 14 次報告では 35 ～ 39 歳、第 15 次報告では 19 歳以下が、実父が加害者の場合、第 13 次報告では 20 ～ 24 歳と 40 歳以上、第 14 次報告では 40 歳以上、第 15 次報告では 20 ～ 24 歳が最も多く、部分的には正しい選択肢である。年度毎の差異が大きく「近年の傾向」が存在しない項目を選択肢に含めること自体がそもそも不適切といえる。

正答　④

▶問 21

マルトリートメントについて、正しいものを 1 つ選べ。

① マルトリートメントは認知発達に影響しない。
② 貧困はマルトリートメントのリスク要因にならない。
③ マルトリートメントを受けた子どもは共感性が高い。
④ マルトリートメントを受けた子どもは警戒心が乏しい。
⑤ マルトリートメントを受けることは、将来身体的健康を損なうリスクとなる。

重要事項

諸外国で一般化しているマルトリートメントという概念は、日本でいう児童虐待に相当する。児童虐待防止法第 2 条において「保護者（親権を行う者、未成年後見人その他の者で、児童を現に監護するものをいう。）がその監護する児童（18 歳に満たない者をいう。）について行う次に掲げる行為をいう」とされ、身体的虐待、性的虐待、ネグレクト、心理的虐待の 4 つの類型に分類される（【問 143】を参照）。人生早期におけるマルトリートメントは身体的な虐待であれ、心理的な虐待であれ、子どもの脳の発達や愛着形成に深刻な影響を及ぼす。心理教育や心理療法などの心理的介入がなされなければ、将来的に社会生活や人間関係における困難が予想され、世代間連鎖の危険性も生じうる。

① ×　近年の脳画像診断研究では、マルトリートメントの結果、前頭前野や聴覚野、扁桃体など脳の幾つかの部位が縮小するとの知見があり、認知機能への影響が示唆されている。

② ×　家庭における経済的貧困とマルトリートメントとの間には関連性が指摘されている。

③ ×　虐待を受けた結果として、多動や衝動性、特異なコミュニケーションの困難さ、他者視点の獲得の難しさなど、発達障害に類した特徴が生じうることが示唆されている。

④ ×　長く安定した愛着関係を体験できないことから、他者に対する過剰な警戒心が生じやすい。

⑤ ○　物理的な暴力により身体面で直接的な後遺症がもたらされるだけでなく、こころの健全な発達も疎外されるため、不眠、悪夢、パニック症、身体症状症、アルコールなどの嗜癖性障害およびそれに由来する身体機能の障害など精神疾患による身体症状のリスクも高まる。

正答　⑤

▶ 問 22

DSM-5 の心的外傷後ストレス障害〈PTSD〉について、正しいものを 1 つ選べ。
① 児童虐待との関連は認められない。
② 症状が 1 か月以上続いている必要がある。
③ 診断の必須項目として抑うつ症状がある。
④ 眼球運動による脱感作と再処理法〈EMDR〉の治療効果はない。
⑤ 心的外傷の原因となる出来事は文化的背景によって異なることはない。

重要事項

DSM-5 における PTSD は、心的外傷的な出来事に曝露されたのちに、悪夢やフラッシュバックなどの侵入症状、外傷的出来事に関連した記憶や場所を避けようとする回避症状、認知と気分の陰性化、過度な警戒心や睡眠障害などの過覚醒症状が生じて、1 か月以上持続するものとされている。
PTSD について第 1 回の問 153 に類問が出題された。

① ×　虐待と PTSD の関係は深い。身体的あるいは性的虐待を受けることは心的外傷となることがある。また過去に虐待を受けていた人は、後の人生で心的外傷の原因となりうる出来事があった際に PTSD を発症するリスクが高まる。
② ○　DSM-5 では「障害の持続が 1 か月以上」としている。1 か月の区切りは恣意的なもので、「最低でも数週間」とする ICD-11 の定義とはズレがあるものの、実際 PTSD は慢性的な障害で、外傷的出来事の 10 年以上のちまで症状が持続することも稀ではない。なお心的外傷の原因となる出来事にさらされた直後に同様の症状があって持続が 1 か月を超えないものは DSM-5 では急性ストレス障害に分類される。
③ ×　抑うつ症状は PTSD で出現することが多く、PTSD とうつ病が合併することも多いが、診断に必須ではない。
④ ×　EMDR は Shapiro によって提唱された心理療法である。トラウマ記憶を想起しながら水平方向の眼球運動を行うもので、PTSD への効果が認められている。PTSD に対する治療として EMDR のほか、持続エクスポージャー療法（Prolonged Exposure Therapy: PE）などいくつかの心理療法にエビデンスがある。
⑤ ×　文化的背景によって何が心的外傷の原因になるかは異なる。

正答　②

▶ 問 23

成人の知能検査

日本語を母語としない成人の知能検査として、最も適切なものを 1 つ選べ。ただし、検査内容の説明程度は日本語で理解できるものとする。

① PARS-TR
② WISC-Ⅳ
③ ベンダー・ゲシュタルト検査
④ ウィスコンシンカード分類検査
⑤ コース立方体組み合わせテスト

重要事項

知能検査には、言語性検査と非言語性検査がある。コース立方体組み合わせテストのような非言語性検査は、言葉によるコミュニケーションを行わずとも実施することができるため、高齢者や聴覚障碍者、脳障害の後遺症患者、あるいは日本語が通じない外国人が相手でも精神年齢や知能指数を算出できる。

① ×　PARS-TR（Parent-interview ASD Rating Scale-Text Revision：親面接式自閉スペクトラム症評定尺度）は、自閉スペクトラム症の発達・行動症状について、対象となる児の母親あるいは他の養育者に半構造化面接を実施し、評定する検査である。知能検査ではない。

② ×　WISC-Ⅳ（Wechsler Intelligence Scale for Children – Fourth Edition）は 5 歳 0 か月～ 16 歳 11 か月を対象年齢とした知能検査である。

③ ×　ベンダー・ゲシュタルト検査は、主に視覚や運動のゲシュタルト機能の成熟度、機能的、器質的障害の程度をみるものであり、知能検査ではない。

④ ×　ウィスコンシンカード分類検査は、「抽象的行動（abstract behavior）」と「セットの転換（shift of set）」を評価する検査であり、前頭葉における実行機能をみる検査である。

⑤ ○　赤、白、青、黄の 4 色に塗り分けられた立方体のブロックを用いた知能検査であり、見よう見まねで検査に取り組むことができるため、言葉を介さずとも実施が可能である。

正答　⑤

▶ 問 24

2017 年に文部科学省が実施した「児童生徒の問題行動・不登校等生徒指導上の諸課題に関する調査」における暴力行為に当てはまるものとして、適切なものを 1 つ選べ。
① 中学生が親を殴った。
② 学区内の公園で、中学生が故意に遊具を壊した。
③ 高校生が後輩の中学生に対し、金品を持ってくるように命令した。
④ 小学生がバットの素振りをしていたところ、通りかかった教師に当たった。
⑤ 中学校内で、同じクラスの生徒同士が殴り合いになったが、双方に怪我はなかった。

重要事項

「児童生徒の問題行動・不登校等生徒指導上の諸課題に関する調査」は児童生徒の問題行動・不登校等について、今後の生徒指導上の施策推進の参考とするため、毎年度標記調査を実施するものである。調査項目は①暴力行為、②いじめ、③出席停止、④小・中学校の長期欠席（不登校等）、⑤高等学校の長期欠席（不登校等）、⑥高等学校中途退学等、⑦自殺、⑧教育相談に分かれる。「暴力行為」は「自校の児童生徒が、故意に有形力（目に見える物理的な力）を加える行為」として調査している。なお、本調査においては、当該暴力行為によって怪我があるかないかといったことや、怪我による病院の診断書、被害者による警察への被害届の有無などにかかわらず、暴力行為に該当するものを全て対象とする。

① ×　「用語の解説」において「「暴力行為」とは、「自校の児童生徒が、故意に有形力（目に見える物理的な力）を加える行為」をいい、被暴力行為の対象によって、「対教師暴力」（教師に限らず、用務員等の学校職員も含む。）、「生徒間暴力」（何らかの人間関係がある児童生徒同士に限る。）、「対人暴力」（対教師暴力、生徒間暴力の対象者を除く。）、学校の施設・設備等の「器物損壊」の四形態に分ける。ただし、家族・同居人に対する暴力行為は、調査対象外とする」とある。そのため、親への暴力は含まれない。
② ×　器物損壊は、学校の施設・設備等に限られる。
③ ×　金銭の要求は「故意に有形力（目に見える物理的な力）を加える行為」に該当しない。
④ ×　故意による行為ではないため、該当しない。
⑤ ○　生徒間暴力に該当する。

正答　⑤

▶問 25

心理効果

1960 年代の R. Rosenthal の実験で、ある検査の結果、学業成績が大きく向上すると予測される児童の氏名が教師に伝えられた。実際には、児童の氏名は無作為に選ばれていた。8 か月後、選ばれた児童の学業成績が実際に向上していた。

このような現象を説明する用語として、正しいものを 1 つ選べ。

① ハロー効果
② プラセボ効果
③ ホーソン効果
④ ピグマリオン効果
⑤ アンダーマイニング効果

重要事項

基礎心理学の用語に関する問題である。この問題では、社会及び集団に関する用語の理解が問われている。問題文はピグマリオン効果のもとになった実験についての概要である。基礎心理学の用語は、その現象についての説明と、そのもとになった実験も併せて押さえておく必要がある。

① ×　優れた特性を持っている他者について、その特性以外の部分も優れていると評価してしまう傾向のこと。光背効果とも呼ばれている。

② ×　効果のない薬物を、「思い込み」によって効果があると誤信することにより、実際に相応の効果が現れること。

③ ×　アメリカのホーソン工場で、生産性を高める目的で労働者にとって最適な作業環境を探るための実験が行われた。その結果、労働環境の改善や改悪とは無関係に被験者の生産性は向上し、実験者に注目されているという意識が労働者の生産性を高めているということが示唆された。

④ ○　教師が特定の子どもたちに期待し、対応を変えることで、それを受けた子どもたちがその期待に応じた結果を残すこと。

⑤ ×　好奇心や興味（内発要因）によって動機づけられた行動に対して報酬（外的要因）を与えることで、その後の内発的動機付けが低下する現象のこと。

正答　④

▶ 問 26

いじめの重大事態への対応について、最も適切なものを 1 つ選べ。

① 被害児童生徒・保護者が詳細な調査を望まない場合であっても、調査を行う。
② 重大事態の調査を行った場合は、調査を実施したことや調査結果を社会に公表する。
③「疑い」が生じた段階ではなく、事実関係が確定した段階で重大事態としての対応を開始する。
④ 児童等の生命、心身又は財産に重大な被害が生じた疑いがあると認めるときに限り、重大事態として対応する。
⑤ 保護者から、いじめという表現ではなく人間関係で心身に変調を来したという訴えがあった場合は、安易に重大事態として対応しない。

重要事項

いじめ対応に関する問題である。2013（平成 25）年に「いじめ防止対策推進法」が施行された。2017（平成 29）年に文部科学省より「いじめの重大事態の調査に関するガイドライン」が策定されている。重大事態の対応では、「事実関係が確定した段階で重大事態としての対応を開始するのではなく、『疑い』が生じた段階で調査を開始しなければならないこと」「被害児童生徒や保護者から、いじめられて重大事態に至ったという申立があったときは、重大事態が発生したものとして報告・調査等に当たること」の徹底が求められる。

① ○　被害児童生徒・保護者が対応を望まない場合であっても、それを理由に自らの対応を検証することを怠ってはならない。可能な限り自らの対応を振り返ることが、再発防止や、新たな事実の発覚につながる可能性がある。
② ×　事案の内容や重大性、被害児童生徒・保護者の移行、公表した場合の児童生徒への影響等を総合的に勘案して判断する。
③ ×　「疑い」が生じた段階で調査を開始しなければならない。
④ ×　重大事態の定義は「いじめにより当該学校に在籍する児童等の生命、心身又は財産に重大な被害が生じた疑いがあると認めるとき」「いじめにより当該学校に在籍する児童等が相当の期間学校を欠席することを余儀なくされている疑いがあると認めるとき」とされているが、③同様に「疑い」が生じた段階で調査を開始しなければならない。
⑤ ×　保護者の意向を適切に把握し、調査を進め、安易に重大事態として対応しないことを選択してはならない。

正答　①

▶ 問 27

形成的評価について、最も適切なものを１つ選べ。
① 一定の教育活動が終了した際に、その効果を把握し判断するために行う評価
② 個人の学力に関する特定の側面をそれ以外の側面と比較して把握し判断するために行う評価
③ 過去と現在の成績を比較して、どの程度学力が形成されたかについて把握し判断するために行う評価
④ 指導前に、学習の前提となるレディネスが形成されているかを把握し、指導計画に活用するために行う評価
⑤ 指導の過程で学習の進捗状況や成果を把握し判断して、その情報をその後の指導計画に活用するために行う評価

重要事項

教育心理学の用語に関する問題である。教育評価に関する理解が求められている。教育評価は、教育目標の達成度を測定するために、カリキュラム、指導方法、教育成果などについて調査する活動のことを指す。学習過程と教育評価の関係を理論化し、診断的評価、形成的評価、総括的評価の３つに分類した B. Bloom の評価論は重要である。

① ×　総括的評価に関する説明である。教育活動の終了後、学習内容がきちんと習得されているか把握するための評価である。（学習）単元の終わりに実施されるものであり、期末テストや学年末テストがこれにあたる。
② ×　個人内評価に関する説明である。個人内の別の能力と比較する評価である。「○○は得意だけど××は苦手」といった評価がこれに当たり、学習者の長所や短所などを把握することができる。
③ ×　②同様に個人内評価の説明である。個人内の別の能力や過去の成績と比較する評価である。過去の成績との比較によって学習者の成長を把握することができる。
④ ×　診断的評価に関する説明である。教育活動を始める前に、学習者の学力状況やレディネスを把握するための評価である。その結果に応じて、指導者は学習計画を立てる。
⑤ ○　形成的評価に関する説明である。教育活動の途中に、学習者の習得状況を把握するために実施するための評価である。学習の途中に実施され、その後の指導方法や生徒の学習方法の改善を目的とする。小テストや確認テストなどがこれにあたる。

正答　⑤

DSM-5 の反社会性パーソナリティ障害の診断基準として、正しいものを 1 つ選べ。

① 10 歳以前に発症した素行症の証拠がある。
② 他人の権利を無視し侵害する広範な様式で、14 歳以降に起こっている。
③ 反社会的行為が起こるのは、統合失調症や双極性障害の経過中ではない。
④ 他人の権利を無視し侵害する広範な様式には、「自殺のそぶり、脅し」が含まれる。
⑤ 他人の権利を無視し侵害する広範な様式には、「衝動性、または将来の計画を立てられないこと」が含まれる。

重要事項

本問は「選択肢が不明確であるため」採点除外対象となった設問である。原因論、病因論を排し、ある時点でどの症候がどういう組み合わせで出現しているかという操作的診断基準を用いる DSM-5 において、病前の状況を診断基準に組み込んでいる数少ない障害の 1 つが反社会性パーソナリティ障害である。すなわち、反社会性パーソナリティ障害と診断されるためには、15 歳以前に素行症を発症している必要がある。欲望や衝動の満足のため、良心の呵責なく社会規範を破り他者の権利や幸福を継続的、持続的に侵害する素行症および反社会性パーソナリティ障害については DSM-5 の診断基準を一読しておくことが望ましい。

① ×　15 歳以前に発症した素行症の証拠があること、が正しい診断基準である。
② ×　他人の権利を無視し侵害する広範な様式が 15 歳以降に起こっている場合、反社会性パーソナリティ障害の可能性が念頭に置かれることになる。ただし 18 歳以上にならなければ反社会性パーソナリティ障害の診断は下されない。この点は 18 歳未満であっても診断基準を 1 年以上満たせば診断がつく他のパーソナリティ障害との明確な違いといえる。
③ ×　不明確な選択肢である。診断基準には「反社会的行為が起こるのは、統合失調症や双極性障害の経過中のみではない」とある。つまり、反社会性パーソナリティ障害の診断のためには、統合失調症や双極性障害の経過中に「他人の権利を無視し侵害する広範な様式」が出現してもよいが、それ以外の時期にもそれらが出現することが必要となる。したがって本選択肢は部分的には正しい。
④ ×　自殺のそぶりや脅しは、境界性パーソナリティ障害で認められる「対人関係、自己像、感情などの不安定性および著しい衝動性の広範な様式」の 1 つである。
⑤ ○　診断基準にそのまま記載されており、完全に正しい選択肢である。本設問が 1 問選択の問題であるため、正答は③ではなくこちらになる。

正答　⑤

▶問 29

事故発生モデル

ある人物の起こした 1 件の大きな事故の背後には、同一人物による軽度、重度の同様の事故が 29 件発生しており、さらにその背後には、事故にはならなかったが危ない状況が 300 件あることを示した事故発生モデルは何か、正しいものを 1 つ選べ。

① インシデント
② 危険予知モデル
③ スイスチーズモデル
④ スノーボールモデル
⑤ ハインリッヒの法則

重要事項

事故発生モデルについて問う問題である。組織における事故の原因の大部分はヒューマンエラーであり、労働災害や医療安全などの分野において、事故発生のメカニズムやその防止策などが整理されている。医療安全の目的は、患者の安心安全を確保することにあり、公認心理師も組織的に事故の予防に取り組み、安全性の向上に努めることが求められる。その一環として、代表的な事故発生モデル（スイスチーズモデル、スノーボールモデル、ハインリッヒの法則など）は押さえておく必要がある。

① ×　発生した事故や事故へと発展する危険性のあった事象のことを意味する。
② ×　現場の環境や遂行する作業における潜在的な危険を予測し、その対策について話し合い、事故を回避することを意味する。
③ ×　事故は単独の事象で生じるのではなく、複数の事象が重なり合った結果として偶発的に生じるということを意味する事故発生モデル。
④ ×　小さなミスやコミュニケーションの行き違いが連続することで大きな事故に膨れ上がってしまうことを意味する事故発生モデル。
⑤ ○　問題文の通り。労働災害における人的被害の大きさを確率で表したものであり、様々な労働現場で事故への注意喚起に活用されている。

正答　⑤

▶ 問 30

緊張病に特徴的な症状として、正しいものを 1 つ選べ。
① 昏迷
② 途絶
③ 観念奔逸
④ 情動麻痺
⑤ カタプレキシー

重要事項

緊張病は、カタレプシー、筋強剛、蝋屈症、反響言語、常同言語、衒奇症、無言症、昏迷といった特殊な運動症状と精神症状を呈する症候である。統合失調症を始めとした精神疾患でよくみられるほか、身体疾患を背景に出現することや、解離性にも出現することがある。

① ○　昏迷は、意識は清明であるが、意思の発動ができない状態であり、緊張病の症状の一つである。
② ×　途絶は統合失調症でみられる思考障害の一つであり、考えが中途で中断される症状である。
③ ×　観念奔逸は躁状態でみられる思考障害の一つであり、次々に色々な考えが出現する症状である。
④ ×　情動麻痺は災害などの急に起きた外傷的な体験により、一過性に無感情になる反応をいう。
⑤ ×　ナルコレプシーでみられる情動脱力発作のことをカタプレキシーという。情動脱力発作とは、笑ったり怒ったり泣いたりといった情動刺激により、脱力が起こることである。

正答　①

▶ 問 31

オピオイドの副作用として頻度が高いものを 1 つ選べ。
① 下痢
② 疼痛
③ 流涎
④ せん妄
⑤ 錐体外路症状

重要事項

オピオイドは鎮痛薬として、主に担がん患者の鎮痛に使用されることがある。WHO の除痛ラダーでは、非オピオイド性の鎮痛薬で疼痛が制御しきれないときに使用することが推奨されている。モルヒネ、オキシコドン、フェンタニルなどが使用されることが多い。オピオイドの代表的な副作用として、悪心・嘔吐、便秘、せん妄、呼吸抑制、口腔内乾燥、排尿障害などがある。オピオイドの副作用により、疼痛を制御するのに十分な量のオピオイドが使用できない場合や、増量しても疼痛が制御されない場合などは、別のオピオイドに変更することがあり、これをオピオイドローテーションという。オピオイドローテーションをすることで、耐性が出現することを防いだり、結果的に投与経路が変更され効果が出現しやすくなることがある。

① ×　便秘傾向になることが多い。下剤を併用することが多いが、それでも改善に乏しい場合、別のオピオイド薬に変更すること（オピオイドローテーション）が有効な場合がある。
② ×　オピオイドは鎮痛薬であり、疼痛を改善するために使用される。
③ ×　用量依存性に唾液腺の機能を抑制し、口腔内乾燥をきたすことが多い。
④ ○　オピオイドはせん妄の直接因子であり、使用によりせん妄が惹起されることがある。
⑤ ×　錐体外路症状は、振戦、固縮、無動といったパーキンソン症状をいい、抗精神病薬の副作用として出現することが多く、オピオイドでは生じない。

正答　④

▶ 問 32

我が国の保険診療の制度について、正しいものを１つ選べ。
① 後期高齢者医療制度の対象は 80 歳以上である。
② 被保険者は保険医療機関に一部負担金を支払う。
③ 審査支払機関は企業・事業所に負担金を請求する。
④ 診療報酬は保険者から保険医療機関に直接支払われる。
⑤ 保険薬局は処方箋を交付した保険医療機関に薬剤費を請求する。

重要事項

審査支払機関などは耳慣れない言葉かもしれないが、自身が病院にかかった際のことを思い出してみれば、選択肢②が正しいことはわかるだろう。
被保険者（患者）、保険者（医療保険）、保険医療機関（病院・診療所など）の三者の関係を押さえておく。被保険者は保険者に保険料を収める。被保険者が保険医療機関を受診して医療を受ける際には、窓口で一部負担金（自己負担）を支払う。残りの費用は、保険者から審査支払機関を通じて保険医療機関に支払いがされる。
なお日本は国民皆保険制度であり、すべての国民が何らかの公的医療保険に加入している。医療保険はサラリーマンなどを対象とした被用者保険と、自営業者などを対象とした国民健康保険、高齢者を対象とした後期高齢者医療制度に大別される。

① ×　後期高齢者医療制度の対象は原則として 75 歳以上の人である。ただし 65 歳以上 74 歳以下の人でも、一定の障害があると認定された人は対象になる。
② ○　その通り。なお一部負担の割合は義務教育就学前で 2 割、就学～ 70 歳未満で 3 割、70 歳～ 74 歳で 2 割、75 歳以上で 1 割（ただし 70 歳以上であっても現役並み所得者は 3 割）である。
③ ×　審査支払機関は保険医療機関と保険者の間にあって、医療機関から保険者への請求が正しいか審査し、また保険者から医療機関への支払いの事務を代行する。
④ ×　上述の通り、間に審査支払機関がある。
⑤ ×　薬局と医療機関の間での金銭の支払いはない。被保険者（患者）は保険薬局で薬を受け取る際に一部負担金を支払い、残りの費用は保険者から審査支払機関を通じて保険薬局に支払われる。

正答　②

▶ 問 33　　ストレスチェック制度

ストレスチェック制度について、正しいものを 1 つ選べ。
① 事業者は、ストレスチェックの実施者を兼ねることができる。
② 事業者は、面接指導の結果を記録しておかなければならない。
③ 事業者は、労働者の同意がなくても、その検査の結果を把握することができる。
④ 医師による面接指導を実施するにあたり、情報通信機器を用いて行うことは認められていない。
⑤ 事業者は、一定程度以上の心理的な負担が認められる全ての労働者に対し医師による面接指導を行わなければならない。

重要事項

ストレスチェック制度は、2014（平成 26）年の労働安全衛生法の改正により、労働者へのストレスチェックと面接指導の実施が義務付けられたことによって始まった制度である。労働者数 50 人以上の事業場は、年に 1 回ストレスチェックの実施を義務として求められる。これは、労働者のストレスの程度を把握し、メンタルヘルス不調の未然防止（一次予防）を目的としている。

① ×　ストレスチェックの実施は、医師、保健師、又は厚生労働大臣が定める研修を修了した者が行う。
② ○　事業者は、面接指導の結果の記録を 5 年間保存しなければならない。
③ ×　実施者は、労働者の合意なしに事業者に結果を通知することを禁止されている。そのため、事業者が結果を入手するためには労働者の同意が必要。
④ ×　労働者に事前に周知した上で、情報通信機器を活用して面接指導を実施することもできる。
⑤ ×　面接指導を受けるかどうかは、面接指導の対象となった労働者自身の選択による。

正答　②

▶ 問 34

学校における自殺予防教育について、最も適切なものを１つ選べ。
① プログラムは地域で共通のものを使用する。
② 学級づくりのできるだけ早い段階に実施する。
③ 目標は早期の問題認識及び援助希求的態度の育成である。
④ いのちは大切なものであるという正しい価値観を提供する。
⑤ 自殺のリスクを抱える児童生徒のプログラム参加は避ける。

重要事項

学校臨床の自殺予防教育に関する問題である。2014（平成 26）年に文部科学省は「学校における自殺予防教育導入の手引き」を発行している。自殺予防教育を実施する上での前提条件として「関係者間の合意形成」「適切な教育内容」「適切なフォローアップ」を挙げている。これら３つの前提を欠く取組は、危険な不測の事態の生じる可能性があるとして注意が必要である。また、自殺予防教育の実施目標は、「早期の問題認識及び援助希求的態度の育成」である。ある種の価値観を一方的に植え付ける教育は、適切な自殺予防教育といえない。

① ×　プログラムは、各学校、学年、学級の実態に応じて検討し、実施する。
② ×　自殺予防教育の実施前に、子どもや学級のアセスメントが必要。適切な実施には、構成員が安心感を抱き、相互にサポートし合う雰囲気が育っていることが求められる。
③ ○　正答
④ ×　「いのちは大切」といった価値観を一方的に与えるのではなく、教師と子どもが共に考えることを目指して、生きづらさを抱える子どもに寄り添うことを目指す。
⑤ ×　身近な人を自殺で亡くしている子どもや自殺未遂の経験や自傷などがあるハイリスクな子どもはあらかじめ把握し、子ども本人や保護者と参加の仕方を話し合うなどの配慮が必要となる。

正答　③

▶問 35　　公認心理師法（第 1、2、40、41 条）

公認心理師法について、<u>誤っているもの</u>を 1 つ選べ。

① 秘密保持義務についての規定がある。
② 信用失墜行為に対しては罰則が規定されている。
③ 主務大臣は文部科学大臣及び厚生労働大臣である。
④ 国民の心の健康の保持増進に寄与することが目的である。
⑤ 公認心理師は、心理に関する支援を要する者の心理状態を観察し、その結果の分析を行う。

重要事項

公認心理師法の概要を問う問題である。公認心理師法は、2015 年 9 月に制定・公布され、2017 年 9 月に施行された。厚生労働省は公認心理師法の概要を 8 項目（①目的 ②定義 ③試験 ④義務 ⑤名称使用制限 ⑥主務大臣 ⑦施行期日 ⑧経過措置）にまとめている。法的義務として「信用失墜行為の禁止」「秘密保持義務」「連携」などが挙げられているが、罰則規定のあるものは「秘密保持義務」のみである。

①○　公認心理師法第 41 条（義務）に「公認心理師は正当な理由がなくその業務に関して知り得た人の秘密を漏らしてはならない。」と秘密保持義務について定められている。

②×　公認心理師法第 40 条（義務）に信用失墜行為について定められているが、罰則規定はない。

③○　適切。主務大臣は文部科学大臣及び厚生労働大臣である。

④○　公認心理師法第 1 条（目的）において定められている。

⑤○　公認心理師法第 2 条（定義）において定められている。その他に「心理に関する支援を要する者に対する、その心理に関する相談及び助言、指導その他援助」「心理に関する支援を要する者の関係者に対する相談及び助言、指導その他援助」「心の健康に関する知識の普及を図るための教育及び情報の提供」を行うものとして定義されている。

正答　②

▶ 問 36

Alzheimer 型認知症の患者に対して公認心理師が実施するものとして、不適切なものを 1 つ選べ。
① ADAS
② 回想法
③ COGNISTAT
④ ケアプラン原案の作成
⑤ 認知症ケアパスへの参加

重要事項

福祉心理に関する知識と、Alzheimer 型認知症の患者への対応を問う問題である。公認心理師は高齢者福祉領域において、「心理アセスメント」「高齢者に対する心理療法的アプローチ」「多職種共同によるコーディネーション」などの役割が期待されている。また、2015（平成 27）年に厚生労働省により策定された認知症施策推進総合戦略（新オレンジプラン）では、「認知症の人の意思が尊重され、できる限り住み慣れた地域のよい環境で自分らしく暮らし続けることができる社会」が認知症支援の基本的な考え方として提起されている。

① ○　ADAS は、Alzheimer 型認知症の認知機能を測定するための質問紙による心理検査である。記憶を中心とする認知機能と、情緒を中心とする非認知機能の 2 つの下位尺度で構成されている。
② ○　回想法は、過去の経験を振り返り、その意味を整理・探求することを方法とした心理療法である。高齢者に有効であるといわれている。
③ ○　COGNISTAT は、認知機能（言語、構成能力、記憶、計算、推理）と一般因子（覚醒水準、見当識、注意）を測定することのできる検査である。下位検査の結果をもとにプロフィールを作成することができる。
④ ×　介護保険制度において要介護認定を受けた際に、受けるサービスの利用計画書をケアプランという。要介護認定を受けた後に、ケアマネージャーが作成にあたる。
⑤ ○　認知症ケアパスとは、患者の状態に応じた適切なサービス提供の流れのことを指す。新オレンジプランに定められている。

正答　④

▶問 37

メタ記憶的活動

メタ記憶的活動のうち、記憶モニタリング（メタ認知的モニタリング）の下位過程として、<u>不適切なもの</u>を１つ選べ。

① 保持過程
② 確信度判断
③ 既知感判断
④ 学習容易性判断
⑤ ソースモニタリング判断

重要事項

メタ記憶、及び記憶モニタリングについて問う問題である。自分が認知していることを客観的に把握し、制御することをメタ認知という。メタ認知はメタ認知的知識とメタ認知的活動に分けられ、メタ認知的活動は更にメタ認知的モニタリング活動とメタ認知的コントロール活動とに分けられる。このうちメタ認知的モニタリングは、自己の認知活動をモニターし、それによって得られた情報を評価する過程のことをいう。メタ記憶は Flavell がメタ認知の一部として抽出したもので、自己の記憶や記憶過程に対する客観的な認知のことをいう。たとえば「いまは思い出せないけれど、あの人の名前は知っている」とか「今日中に歴史の年表を暗記しなければいけない」といった認知である。本問で問われている記憶モニタリングとは、したがって「自己の記憶活動をモニターし、それによって得られた情報を評価する過程」を指すことになる。記憶過程の３段階のうち記銘と想起の段階で特有の記憶モニタリングが認められる。

① ×　保持過程とは、メタ記憶的活動ではなく、記憶過程の３段階のうちの１つに該当する。記憶は、記銘（符号化）、貯蔵（保持）、検索（想起）という過程をたどる。

② ○　確信度判断とは、再生した項目の正しさにどれ程確信があるかという判断で、記憶の想起段階で生じる記憶モニタリングである。

③ ○　既知感判断とは、何らかの特定の項目が再生できないときにその項目が後に想起できるかを推定することである。記憶の記銘段階と想起段階で生じるモニタリングである。

④ ○　学習容易性判断とは、項目の記銘処理活動に先立って、呈示される刺激項目が覚えやすいのか、または覚えにくいのかを測定することである。記憶の記銘段階で生じるモニタリングである。

⑤ ○　ソースモニタリング判断とは、特定の記憶について、その情報の起源に関する記憶であり、メタ記憶の１つに該当する。記憶の想起段階でのモニタリングである。

正答　①

▶ 問 38

半構造化面接について、<u>不適切なもの</u>を 1 つ選べ。
① 質問紙型の面接ともいわれる。
② 質問を追加することができる。
③ 面接の前に質問項目を用意する。
④ 構造化の程度による面接区分の一種である。
⑤ 対象者の反応に応じ、質問の順番を変更する。

重要事項

心理面接は、治療面接と査定面接とに大別され、査定面接は構造化面接、半構造化面接、非構造化面接とに分かれる。本問は、その中の一つである半構造化面接についての問題である。半構造化面接では、クライエントの回答や反応、その背景にある意図をより明確にするために、質問を加えたり、質問の順序を変えたり、周囲の他者からのクライエントに関する情報を参考にすることができる。そのため、柔軟性があり、比較的対象者の本音を引き出しやすく、発見的な機能をもつ。ある程度の枠組みに沿いながら、対象者との相互作用のなかで相手に合わせた問いを投げかけていくような半構造化面接は臨床場面において親和性が高いといえる。構造化面接では、できる限り客観的なデータを得ることを目的として、質問の内容や順序、言葉づかいなどを一定にして面接を行う。同一での枠組みでの整理や数量化もでき、信頼性が高く客観性を保つことが可能となる。非構造化面接では、質問は特に一定にせず、その場の文脈や対象者に合わせて、言葉づかいや質問内容や順序を変えていき、対象者の反応に応じて質問を行う。開かれた質問によって、広い範囲についての回答を引き出すこともある。

① ×　質問紙型の面接は、構造化面接についての説明である。構造化面接では、質問項目や具体的な内容や形式、順序があらかじめ標準化してある。
② ○　質問を追加することができるのは、半構造化面接の特徴の一つである。
③ ○　面接の前に質問項目を用意するのは、構造化面接や半構造化面接の特徴である。
④ ○　構造化の程度による面接区分の一種という説明は、構造化面接、半構造化面接、非構造化面接などの特徴である。
⑤ ○　対象者の反応に応じ、質問の順番を変更するのは、半構造化面接の特徴の一つである。

正答　①

▶問 39　　スクールカウンセラーの情報共有と対応

学校生活での悩みを持つ思春期のクライエントとの面接に関して、保護者への情報提供に関係する対応として、不適切なものを１つ選べ。

① 事前に、秘密や記録の扱いについて関係者と合意しておく。
② 保護者から情報提供の依頼があったことをクライエントに知らせ、話し合う。
③ クライエントの意向にかかわらず、秘密保持義務を遵守するために、保護者からの依頼を断る。
④ 相談面接において、特に思春期という時期に秘密が守られることの重要性について、保護者に説明する。
⑤ 保護者に情報提供することで、保護者からの支援を受けられる可能性があるとクライエントに説明する。

重要事項

思春期のクライエントへの心理的支援において、保護者との関わりは必要不可欠であり、秘密保持は治療関係に深く関わる観点である。本問では、情報提供についての問題であり、学校での心理的支援では、集団守秘義務の視点も含めて、秘密保持は慎重に行うべきである。さらに、クライエント本人の意思表示がある場合、誰に何をどのような目的で情報提供を行うのかを明確にする必要がある。

①○　事前に秘密や記録の扱いについて関係者と合意しておくことは情報提供において必要な手続きである。

②○　情報提供を行う際にクライエントの許可を得ることは必須である。もしも許可を得ずに情報提供を行えば、秘密保持がなされず、治療関係が破綻するだけでなく、公認心理師法の罰則規定にも該当する。

③×　クライエントの意向があれば、保護者からの依頼を断る理由はなくなる。ただし事前にクライエントと相談して、保護者に伝えて欲しいこと、および保護者に伝えて欲しくないことを明確にしておく必要がある。

④○　思春期は、第２次性徴もあり心身共に変化する発達段階である。秘密を守ることが発達を促進させる一要因にもなるため、その扱いは繊細に行うべきである。

⑤○　保護者に情報提供することでクライエントにどのような利点があるのかを専門的な視点からクライエントに伝えることは、情報共有に関するクライエントの抵抗感を和らげ、支援の充実につながりうる。

正答　③

▶問 40

育児休業、介護休業等育児又は家族介護を行う労働者の福祉に関する法律について、誤っているものを１つ選べ。

① 配偶者が専業主婦（主夫）の場合は育児休業を取得できない。
② ３歳に満たない子を養育する従業員について、労働者が希望すれば短時間勤務制度を利用できる。
③ 従業員からの申出により、子が１歳に達するまでの間、申し出た期間、育児休業を取得できる。
④ 夫婦で取得するなど、一定の要件を満たした場合、子が１歳２か月になるまで育児休業を取得できる。
⑤ ３歳に満たない子を養育する従業員から申出があった場合、原則として所定外労働をさせることはできない。

重要事項

育児休業、介護休業等育児又は家族介護を行う労働者の福祉に関する法律（略称は育児・介護休業法）の内容について問う問題である。育児・介護休業法は、育児及び家族の介護を行う労働者の職業生活と家庭生活との両立が図られるよう支援することによって、その福祉を増進するとともに、あわせて、我が国の経済及び社会の発展に資することを目的としている。1992 年に育児休業法が施行され、1995 年に育児・介護休業法に改正された。要介護状態にある家族を介護するための休業は、対象家族１人につき通算 93 日まで原則１回に限り認められていたが、2017 年より、３回まで分割して取得することが可能になっている。

① ×　配偶者が専業主婦（主夫）であっても育児休業は取得できる。正社員など期限の定めのない雇用契約を結んでいる労働者が育児休業を取得できない場合として、雇用１年未満の者、休業申出のあった日から起算して１年以内（介護休業の場合は 93 日以内）に雇用関係が終了する者、１週間の所定労働日数が２日以内の者があるが、これらを実行するためには労使協定の締結が必要となる。
② ○　３歳未満の子どもを養育する従業員が希望すれば、短時間勤務制度を利用できる。
③ ○　従業員からの申出により、子が１歳に達するまでの間、申し出た期間の育児休業を取得できる。
④ ○　一定の要件を満たした場合、子が１歳２か月になるまで夫婦で育児休業を取得できる。
⑤ ○　３歳未満の子を養育する従業員から申出があった場合、所定外労働をさせることはできない。

正答　①

▶ 問 41

右利きの者が右中大脳動脈領域の脳梗塞を起こした場合に、通常はみられないものを 1 つ選べ。

① 失語症
② 左片麻痺
③ 全般性注意障害
④ 左半身感覚障害
⑤ 左半側空間無視

重要事項

大脳皮質は、部位ごとに異なる機能を持っており、これを脳機能局在論という。疾病や外傷などにより脳が損傷を受けると、障害された部位の機能が一時的、ないしは永続的に失われる。表出としては、例えば左大脳皮質のうち、上肢の運動を司る部位が障害されると、右上肢の麻痺が出現する。この問題では、脳梗塞により大脳皮質が損傷を受けるケースが扱われている。脳梗塞では、脳を栄養する動脈が、なんらかの理由で詰まってしまい、閉塞部位より先の脳に血流が届かなくなり障害が生じる。右中大脳動脈領域の脳梗塞では、左半身の運動・感覚麻痺が出現する。さらに、空間無視や病態失認などの右半球症状が出現することがある。中大脳動脈領域は広範であるため、意識障害をきたすことがある。

① ×　右利きの場合、優位半球は左となり、言語野は通常左半球にある。左中大脳動脈領域の脳梗塞を起こすと、言語野が障害され、失語症をきたすことがある。
② ○　右の運動野が障害され、左の片麻痺が出現する。
③ ○　広範な脳領域が急性に障害されると、意識障害をきたすことがある。意識障害下では全般性に注意力が低下する。
④ ○　右の感覚野が障害され、左半身の感覚障害が出現する。
⑤ ○　右半球頭頂葉が障害されると、左半側空間無視をきたす。

正答　①

▶ 問 42

児童相談所の業務内容として、誤っているものを 1 つ選べ。
① 親権者の同意を得て特別養子縁組を成立させる。
② 必要に応じて家庭から子どもを離して一時保護をする。
③ 親権者の同意を得て児童福祉施設に子どもを入所させる。
④ 子どもに関する専門性を有する相談を受理し、援助を行う。
⑤ 市区町村における児童家庭相談への対応について必要な援助を行う。

重要事項

児童相談所の機能について問う問題である。児童相談所が受け付ける相談内容は、広範であり、特定の内容に限定されるわけではない。児童相談所は都道府県によって設置され、主な任務として、①児童に関する相談のうち専門的な知識や技術を必要とするものに応じること、②児童およびその家庭について、必要な調査を行い、ならびに医学的、心理学的、教育学的、社会学的、精神保健学的な判定を行うこと、③調査や判定の結果に基づき指導を行うこと、④児童を一時保護すること、⑤里親に関する業務を行うこと、⑥養子縁組の関係者の相談に応じ、それらに対して情報の提供、助言などを行うこと、がある。

① ×　特別養子縁組の成立には、必ずしも親権者の同意は必要とされない。
② ○　一時保護は、児童相談所の機能の一つである。
③ ○　児童福祉施設と連携し、場合によって子どもを入所させることは児童相談所の機能の一つである。
④ ○　子どもに関する相談や援助は、児童相談所の機能の一つである。
⑤ ○　市区町村の児童福祉施設への指導や助言は、児童相談所の機能の一つである。

正答　①

児童虐待数の増加：近年、児童虐待は増加の一途を辿っており、厚生労働省が発表した 2018（平成 30）年度の児童虐待相談対応件数は、15 万 9,850 件で、前年度より 2 万 6,072 件増加したとされ、過去最多を更新している。虐待死のニュースが連日にわたって報道され、日本が抱える社会問題の一つである。

▶ 問 43

教育基本法第 2 条に規定される教育の目標として、誤っているものを 1 つ選べ。
① 勤労を重んずる態度を養う。
② 自主及び自律の精神を養う。
③ 豊かな情操と道徳心を養う。
④ 個性に応じて進路を選択する能力を養う。
⑤ 他国を尊重し、国際社会の平和と発展に寄与する態度を養う。

重要事項

教育基本法第 2 条の教育の目標について問う問題である。教育基本法は、1947 年に公布、施行され、2006 年に改正された。教育は、人格の完成を目指し、平和で民主的な国家および社会の形成者として必要な資質を備えた心身ともに健康な国民の育成を期して行わなければならないという基本理念（第 1 条）が掲げられている。18 条の条文があり、第 1 章から第 4 章に分かれ、「教育の目的及び理念」「教育の実施に関する基本」「教育行政」「法令の制定」について規定されている。教育の基本的なあり方として、生涯学習の理念（第 3 条）、教育の機会均等（第 4 条）、義務教育（第 5 条）を挙げている。

① ○ 「職業及び生活との関連を重視し、勤労を重んじる態度を養うこと」という条文があり、第 2 項に該当する。
② ○ 「個人の価値を尊重して、その能力を伸ばし、創造性を培い、自主及び自律の精神を養う」という条文があり、第 2 項に該当する。
③ ○ 「豊かな情操と道徳心を培うとともに、健やかな身体を養うこと」という条文があり、第 1 項に該当する。
④ × これは学校教育法第 21 条にある条文に該当する。
⑤ ○ 「他国を尊重し、国際社会の平和と発展に寄与する態度を養うこと」の条文であり、第 5 項に該当する。

正答 ④

学校教育法：1947 年に公布、施行された。学校制度の内容と基準など、学校教育の事項を定めた法律である。学校とは、幼稚園、小学校、中学校、義務教育学校（小中一貫校）、高等学校、中等教育学校、特別支援学校、大学、高等専門学校を指す（第 1 条）。

▶ 問 44　スクールカウンセラーの役割

スクールカウンセラーに求められる役割として、最も適切なものを 1 つ選べ。
① チーム学校の統括
② 児童生徒への学習指導
③ 教職員へのスーパービジョン
④ 心理的問題などへの予防的対応

重要事項

スクールカウンセラーの業務内容について問う問題である。スクールカウンセラー事業は 1995 年から開始されている。業務内容について、文部科学省では、①カウンセリング、②コンサルテーション、③カンファレンス、④研修、⑤アセスメント、⑥予防的対応、⑦危機対応などに分けている。スクールカウンセラーには「学校内部の者」であり「第三者性を有する外部の者」でもあることが求められている。それゆえ、文部科学省の提示するスクールカウンセラーの役割の他にも都道府県や市区町村の提示するものも増えており、その役割はますます多様化してきている。さらに、配置される学校によっても求められる役割は異なる。多職種連携を業務の一つとする公認心理師では、各領域の専門的知識に加えて、心理臨床活動の中で個人との間で形成された関係性を組織に還元したり、学校内外の多様な人々との協力関係を促進させたりする柔軟性、更には最新の関係法規にも通じていることが求められていくであろう。

① ×　チーム学校の統括は、学校の管理職が行う業務である。
② ×　これは教職員一般の業務にあたり、スクールカウンセラーの主な業務ではない。
③ ×　スクールカウンセラーは教職員へのコンサルテーションは行うが、スーパーヴィジョンを行うことは業務の内容に含まれていない。
④ ○　心理的問題への予防的対応は、スクールカウンセラーの業務のうちの一つである。ストレスマネジメントを行うことがこれに含まれる。

正答　④

▶ 問 45

SOAP 形式の診療録の記載内容について、正しいものを 1 つ選べ。
① S に神経学的所見を記載する。
② O に患者が話したことを記載する。
③ A に検査データを記載する。
④ P に今後のマネージメントの計画を記載する。

重要事項

SOAP（ソープ）形式は、診療録を記載する際の形式の一つであり、現在の診療録記載の主流となっている。単に経過のみを記録するのではなく、「S（subjective）：主観的情報」「O（objective）：客観的情報」「A（assessment）：評価」「P（plan）：計画（治療）」の 4 つの項目に分けて記載することで、複雑な病態を整理して把握することができる。

① ×　S（subjective）は「主観的情報」であり、患者や家族が話した内容などから得られた情報を記載する。神経学的所見は O に記載する。
② ×　O（objective）は「客観的情報」であり、診察や検査などから得られた客観的な情報を記載する。患者が話したことは S に記載する。
③ ×　A（assessment）は「評価」であり、診断や、S や O を元に解釈を行った総合的な評価を記載する。検査データは O に記載する。
④ ○　P（plan）は「計画（治療）」であり、A に基づいて決定した治療方針や内容を記載する。今後のマネージメントの計画は P に記載する。

正答　④

▶ 問 46

「就労継続支援 B 型」について、正しいものを 1 つ選べ。

① 50 歳未満であれば対象となる。
② 一般就労のために必要な訓練が行われる。
③ 障害基礎年金を受給している者は対象とならない。
④ 障害者のうち、雇用契約に基づく就労が可能な者が対象となる。

重要事項

就労継続支援 B 型の機能について問う問題である。就労継続支援事業は A 型と B 型に分類され、A 型は雇用契約を結ぶのに対し、B 型では雇用契約を結ばない。B 型では、一般企業に雇用されることが困難な障害者に対して、就労の機会の提供、就労に必要な知識及び能力の向上のために必要な訓練やその他の必要な支援を受けることができる。また、事業所は、障害者就業・生活支援センター等の関係機関と連携して、利用者が就職した日から 6 か月以上の相談支援等に努めることとされている。B 型では、就労移行支援事業を利用したが、必要な体力や職業能力が不足して雇用に至らない場合、雇用されていたが加齢や体力低下などが原因で離職した後に生産的な活動に参加したい場合、施設を退所後に企業で雇用されるのが困難な場合などに活用されることが多い。

① ×　対象者は 50 歳に達している人とされる。
② ○　就労継続支援 B 型では、一般就労のために必要な訓練が行われる。
③ ×　障害基礎年金を受給している者も対象となる。
④ ×　雇用契約に基づく就労が可能な者が対象となるのは、就労継続支援 A 型である。

正答　②

▶問 47　　アレキシサイミア

アレキシサイミア傾向の高い心身症患者の特徴について、正しいものを 1 つ選べ。
① 身体症状より気分の変化を訴える。
② ストレスを自覚しにくいことが多い。
③ 身体症状を言葉で表現することが難しい。
④ 空想や象徴的な内容の夢を語ることが多い。

重要事項

心身症とは身体疾患のうち、その発症や経過に心理社会的因子が密接に関わる病態のことである。例えば高血圧、喘息、過敏性腸症候群、消化器潰瘍、片頭痛、アトピー性皮膚炎などが挙げられる。
アレキシサイミア alexithymia（失感情言語症、失感情症）とは a：非、lexis：言葉、thymos：感情という語源の通り、自分の感情を感じ取ったり、それを言語で表現したりすることの困難さを意味する。アレキシサイミアという概念は 1967 年に Sifneos が心身症の患者の特徴として提案した。アレキシサイミアの特徴として、自身の感情に気づくことの困難、感情を言語化することの困難、外面的な思考スタイル、空想力・想像力の乏しさが挙げられている。アレキシサイミアの傾向を測定する尺度として TAS-20（The 20-item Toronto Alexithymia Scale）があり、日本語版もある。
心身症については第 1 回の問 129 でも問われた。

① ×　逆に、気分の変化より身体症状を訴える。
② ○　アレキシサイミア傾向の心身症の患者では、ストレスを受けてもそれが情動として認知されず、行動や身体症状としてあらわれる。
③ ×　患者は面接において出来事の状況や身体症状については詳細に説明する。一方でそれが起きたときの感情についてはあまり語られない。
④ ×　空想力・想像力に乏しいのが特徴とされる。

正答　②

心理面接における沈黙について、誤っているものを 1 つ選べ。
① 沈黙の受け取り方は文化によって多様である。
② 沈黙はクライエント自身の内的探索を阻害する。
③ 沈黙はクライエントの不快さを増大させることがある。
④ 沈黙によってクライエントに共感を伝えることもできる。

重要事項

心理面接では沈黙に出会う場面が多くある。沈黙が生じると少しどきりとしたり、何か気まずさを感じたりするかもしれない。しかし大事なことは沈黙の背景にある様々なこころの動きや状況にアンテナを向けることにある。言葉で表現されるものに注目しがちだが、表情、雰囲気、仕草などの非言語的な表現も面接には存在する。むやみに沈黙を止めず、それをいかにクライエントに還元できるかが重要であろう。

① ○　沈黙は文化によっても捉え方が異なるであろう。例えばアメリカでは沈黙は否定のニュアンスで取られることが多かったり、イギリス由来の諺では「沈黙は金、雄弁は銀」といわれたりする。日本でも東西でコミュニケーションのスタイルが異なったり、諺で「口は災いのもと」といったりする。妥当な選択肢といえる。

② ×　気持ちを言葉にしようとあれこれと考えている際の沈黙は内的な探索につながっている。精神力動的な立場の技法では、ある特定のクライエントの沈黙を面接における「抵抗」として扱うこともあるが、それは刺激された欲動と想起された不安によって内的な探索が阻害された結果として沈黙が生じていると考えるため時系列が逆である。またそのこと自体も内的探索のきっかけとする。選択肢は断定的な表現であり、誤りである。

③ ○　沈黙が情緒的な混乱や解離など症状の結果である場合もある。セラピストの反応を待っていたり、反抗や反発の表現として沈黙したりすることもありうる。そうした場合に沈黙が続くことは不快感や混乱を増大させる結果となるかもしれない。その際セラピストには柔軟で積極的な対応が求められるであろう。

④ ○　沈黙を互いに味わう時間は共感を伝える機会になるかもしれない。またクライエントの過去の大きな体験や悲しみにセラピストが沈黙することは、むやみに言葉を発するよりもまだ理解してくれたとクライエントが感じることになるかもしれない。ただ共感はクライエントに伝わることによって初めて成立するものであり、独りよがりにならないように注意することも大事である。

正答　②

▶問 49　多職種チームでの対応で求められること

心理的支援を要する者へ多職種チームで対応する際に、公認心理師が留意すべき点として、不適切なものを 1 つ選べ。
① 要支援者もチームの一員とみなす。
② 要支援者の主治医の指示を確認する。
③ 多重関係に留意しながら関連分野の関係者と連絡を取り合う。
④ チームに情報を共有するときには、心理学の専門用語を多く用いる。

重要事項

公認心理師法第 42 条において「公認心理師は、その業務を行うに当たっては、その担当する者に対し、保健医療、福祉、教育などが密接な連携の下で総合的かつ適切に提供されるよう、これらと提供する者その他の関係者等との連携を保たなければならない」とされている。様々な分野の職種や専門家との協働は多職種チーム（multidisciplinary team: MDT）と呼ばれる。職域に合わせて、医師や看護師をはじめ教師、保健師、作業療法士、ソーシャルワーカー、薬剤師、介護士らと協力し支援にあたる。

① ○　特に医療分野では患者とその家族もチーム医療の一員とする視点が重要になっている。医療者に全てを任せるのではなく、十分な説明のもと患者と家族が治療の選択に参加することが大切とされている。

② ○　公認心理師法第 42 条には「公認心理師は、その業務を行うにあたって心理に関する支援を要するものに当該支援に係る主治の医師があるときは、その指示を受けなければならない」とある。

③ ○　多重関係とは、2 人の人物が専門家としての関係性とその他の関係性という二重（あるいはそれ以上）の関係性をもつことをいう。たとえば、心理面接を提供している要支援者と恋愛関係に陥るとか、友人の心理面接を引き受けるなどである。多職種チームでは関係者が増えるため、専門家と専門家との間、あるいは専門家と要支援者や要支援者家族との間で既に他の関係性が成立している場合がある。上手くマネジメントしながら要支援者の不利益にならないよう注意することが大切になる。

④ ×　多職種で協働する際は、それぞれの専門分野が異なるため、専門用語はむしろ協働の障壁になる。日常的な用語を使い、専門用語を分かりやすく言い換えたり、かみ砕いて伝えたりすることによって、心理の専門家としての視点をスムーズに伝えることができる。

正答　④

▶問 50　　公認心理師法（第 2、32、42、43 条）

公認心理師法について、正しいものを 2 つ選べ。

① 公認心理師の登録を一旦取り消されると、再度登録を受けることはできない。
② 公認心理師は、心理に関する支援を要する者から相談の求めがあった場合にはこれを拒んではならない。
③ 公認心理師は、その業務を行ったときは、遅滞なくその業務に関する事項を診療録に記載しなければならない。
④ 公認心理師は、心理に関する支援を要する者に当該支援に係る主治の医師があるときは、その指示を受けなければならない。
⑤ 公認心理師は、公認心理師法に規定する公認心理師が業として行う行為に関する知識及び技能の向上に努めなければならない。

重要事項

公認心理師法について問う設問である。今後も出題される分野である。出題範囲もはっきりしていることから、条文をほぼ把握しておいた方が合格に近づくだろう。特に第 1 章、第 3 章、第 4 章は必読で、内容をある程度暗記し、「明記されていること」や「明記されていないこと」も判断できるようになりたい。

① ×　公認心理師法第 32 条において登録の取り消しについて、第 3 条には欠格事由が定められている。登録を取り消された場合は、状況によるものの最短でも 2 年を経過しないと公認心理師となることができないとされているが、再度登録できないという記載はない。

② ×　公認心理師法第 2 条の公認心理師の定義には「心理に関する支援を要する者に対し、その心理に関する相談に応じ、助言、指導、その他の援助を行うこと」とある。求めがあった場合に拒んではならないというような条文はない。なお医師法第 19 条には「診療に従事する医師は、診察治療の求があつた場合には、正当な事由がなければ、これを拒んではならない」との記載がある。

③ ×　そのような記載は公認心理師法にはない。なお医師法第 24 条において、医師は「遅滞なくその業務に関する事項を診療録に記載しなければならない」ことになっている。

④ ○　第 42 条に同じ記述がある。なお主治の医師との連携については「公認心理師法第 42 条第 2 項に係る主治の医師の指示に関する運用基準について」という通知が存在する。

⑤ ○　第 43 条に同じ記述で資質向上の責務が記載されている。

正答　④⑤

▶ 問 51　緩和ケア

緩和ケアにおける家族との関わりについて、正しいものを2つ選べ。
① グリーフケアは家族には行わない。
② リビングウィルの表明には家族の承諾が必要である。
③ 患者の死後、遺族へは励ましの言葉がけが最も有効である。
④ アドバンス・ケア・プランニングに家族も参加することが望ましい。
⑤ レスパイトは家族の看護疲れを緩和するために患者が入院することである。

重要事項

WHO の 2002 年の定義によれば緩和ケア（Palliative Care）とは、「生命を脅かす病やそれに関連した問題に直面している患者及び家族」を対象とし、「痛みやその他の身体的、心理社会的、スピリチュアルな問題を早期に見出し、適切な評価と対応を行う」ことによって、「苦痛を予防し緩和することで QOL を向上させる」取り組みのことである。

① ×　グリーフケアとは遺族ケアとも呼ばれ、死別や喪失を経験した人への援助のことである。大切な人との死別は重大な喪失であり、悲嘆と呼ばれる情緒的な体験をする。長い闘病や介護を経ての死別は生きがいを失ったような気持ちや自責感が生じることもある。緩和ケアは患者とその家族に対する取り組みであり、必要があれば家族にも援助を行う。

② ×　リビングウィルとは終末期医療（特に生命維持治療に関する意向）における事前指示書のことであり、患者自身が得られた情報を基に自ら受ける医療を選択する自己決定モデルに基づくものである。あくまでも本人の意思で署名するものであり、家族の承諾が必要ではない。

③ ×　励ましが最も有効であるかどうかはわからない。そっと傍らにいるような支持的な姿勢が推奨されることが多い。

④ ○　厚生労働省のガイドラインによればアドバンス・ケア・プランニング（ACP）とは、「人生の最終段階の医療・ケアについて本人が家族等や医療・ケアチームと事前に繰り返し話し合うプロセス」のことである。そこでは気がかりなこと、ケアの目標、予後の理解、治療に関する希望など様々なものを確認し、患者が望めば家族や友人も参加する。話し合いを繰り返し、共有し、より良い選択をする過程が大切とされる。家族の参加は必須ではないが「望ましい」といえる。

⑤ ○　レスパイトとは一時的な休息という意味であり、家族の看護の負担が限界に達する前に、一時的な入院やデイサービス、ショートステイなどを利用することによって緩和を図ることである。児童福祉分野でも用いられる言葉であり、入院に限らない言葉だが、緩和ケアという文脈では入院を指すことも多い。

正答　④⑤

▶ 問 52

障害者差別解消法

障害を理由とする差別の解消の推進に関する法律について、正しいものを2つ選べ。

① 適切な配慮を行うためには医師の意見書が必要である。
② 行政機関は合理的な配慮をするように努めなければならない。
③ 対象者の性別、年齢及び障害の状態に応じた配慮が行われる。
④ 対象となる障害には身体障害、知的障害、精神障害及び発達障害が含まれる。
⑤ 事業者は、差別解消の配慮は負担の軽重にかかわらず必要があれば行わなければならない。

重要事項

障害を理由とする差別の解消の推進に関する法律（障害者差別解消法）に関する知識を問う設問である。この法律では共生社会の実現のため、「障害をもつ人たちへの不当な差別的扱いの禁止」と「合理的配慮の提供」について示している。この法律の対象者は①「身体障害、知的障害、精神障害（発達障害を含む。）その他の心身の機能の障害（以下「障害」と総称する。）がある者であって」かつ②「障害及び社会的障壁により継続的に日常生活又は社会生活に相当な制限を受ける状態にあるものをいう」とされている。行政機関と事業者では課せられている義務が異なる点も出題ポイントとなる。

① × 第7条2項、第8条2項では合理的な配慮を行う場合として、「障害者から現に社会的障壁の除去を必要としている旨の意思の表明があった場合」に、その「実施に伴う負担が過重でないときは、合理的な配慮をしなければならない」とされており、特別に医師の意見書が必要とされるわけではない。

② × 第7条2項に「しなければならない」という行政機関の合理的配慮の義務が課せられている。「努めなければならない」という表現は努力義務にあたり、法律では区別される。8条には事業者の合理的配慮の努力義務が示されている。

③ ○ 第7条2項、および第8条2項に「当該障害者の性別、年齢および障害の状態に応じて」合理的な配慮をすることが書いてある。

④ ○ 上記より正しい。第2条1項によれば選択肢の記述の他に「その他の心身の機能の障害（以下「障害」と総称する。）がある者」も含まれているが、選択肢として間違ってはいない。

⑤ × まず①「差別解消の配慮」という表現が条文にはない。②合理的配慮と読み替えたとしても、第8条に「その実施に伴う負担が過重にならない場合には配慮を行っていくこと」とある点、また事業者の場合は努力義務であり「努めなければならない」が正しい表現になる。なお配慮が難しい場合でも、何故負担が大きいのかを説明し、理解を得られるよう努めること、また負担が重すぎない範囲で別の方法を探すことなどが推奨されている。

正答　③④

▶ 問 53

生活習慣病やその対応について、正しいものを2つ選べ。

① 心理的支援は、準備期以降の行動変容ステージで行われる。
② 腹囲に反映される内臓脂肪型肥満が大きな危険因子になる。
③ 問題のある生活習慣のリスクを強調することにより、必要な行動変容が進む。
④ メタボリック症候群の段階で行動変容を進めることが、予後の改善のために重要である。
⑤ ライフスタイルの問題によって引き起こされる疾患であるため、薬物療法の効果は期待できない。

重要事項

行動変容ステージモデルは、アメリカの心理学者のプロチャスカ（J. O. Prochaska）が提唱した健康理論である。この理論では、人間は行動を変容するときに5つのステージを通るとされており、それぞれ「無関心期」→「関心期」→「準備期」→「実行期」→「維持期」と呼ばれる。
それぞれのステージは以下のように定義される。
無関心期：6か月以内に行動を変えようと思っていない
関心期：6か月以内に行動を変えようと思っている
準備期：1か月以内に行動を変えようと思っている
実行期：行動を変えて6か月未満である
維持期：行動を変えて6か月以上である

① ×　1か月以内に行動を変えようと思っている時期を「準備期」と呼ぶ。心理的支援は、すべてのステージで行われる必要がある。

② ○　肥満には皮下脂肪型肥満と、内臓脂肪型肥満があるが、腹腔内に脂肪が蓄積する肥満を内臓脂肪型肥満と呼ぶ。内臓脂肪型肥満は、耐糖能異常、脂質異常、高血圧などの生活習慣病の要因となる。

③ ×　行動変容が進んでいない時期には、治療関係を構築することが重要であり、リスクのみを取り上げることは、抵抗を強める可能性がある。ベネフィットも同時に取り上げる必要がある。

④ ○　メタボリック症候群は、内臓脂肪を反映した腹囲を必須項目とし、中性脂肪・HDLコレステロール値、血圧、血糖値などの項目を含む基準により診断される。メタボリック症候群の時点で、生活改善のために行動変容を進めることが重要である。

⑤ ×　高血圧、脂質異常症、糖尿病といった生活習慣病は、遺伝要因と環境要因の両方が関連した疾患群であり、ライフスタイルだけの問題ではない。さらに、軽度の場合はいずれも生活習慣の改善がまず推奨されるが、進行した場合は薬物治療の適応がある。

正答　②④

▶ 問 54

二次的外傷性ストレス［Secondary Traumatic Stress〈STS〉］による反応について、正しいものを2つ選べ。

① 幼児期のトラウマ体験を原因とする。
② フラッシュバックを呈することがある。
③ 被害者の支援活動をしている人に生じる。
④ 回復には年単位の時間を要することが多い。
⑤ 不安発作の反復を恐れ、社会的活動が制限される。

重要事項

虐待、犯罪、災害などの外傷的な出来事は、それを直接に体験した当事者にトラウマ関連症状を引き起こすのみならず、当事者の外傷的な体験を知った支援者にも行動や情動の変化を引き起こすことがある。他者が経験したトラウマ体験のことを聞いたことで支援者が被るこうしたストレスをSTSという。また他人が受けた外傷的な体験を聞いたことで再体験症状、回避・麻痺症状、過覚醒症状などPTSDと同じような反応が出現することがあり、これをsecondary traumatic stress disorder（STSD）と呼ぶ。STSDの同一あるいは近縁の概念としてはvicarious traumatization、compassion fatigue、burn outがある。トラウマ治療に関わる心理職はこうしたトラウマの二次的な影響を被りやすい職種であり、自身や同僚の健康を保つためSTSについての知識をもっておくことは重要であろう。

① ×　STSはストレス体験を直接受けることではなく、それを支援のなかで聞いたことで被るストレスのことを指す。支援者自身に過去のトラウマ体験があるとSTSDのリスクが高まることが知られているが、自身にトラウマ体験がない人であってもSTSDは起こりうる。
② ○　STSDの症状はフラッシュバックなどの侵入症状、回避症状、過覚醒などで、PTSDに類似する。
③ ○　STSはトラウマ体験をした当事者を支援したり、あるいは支援しようとしたりする中で感じるストレスであり、トラウマ体験をした当事者の支援にあたる心理職・医療者・教師などに生じる。
④ ×　そのようなデータはない。
⑤ ×　この選択肢にあるような不安発作の反復への恐れはパニック障害の症状である。

正答　②③

▶問 55

虞犯について、正しいものを2つ選べ。

① 虞犯少年とは 14 歳以上の者をいう。
② 虞犯少年は少年院送致の処分を受けることがある。
③ 虞犯という概念は少年に限らず、成人にも適用される。
④ 虞犯少年とは、将来罪を犯すおそれのある少年のことをいう。
⑤ 虞犯少年は児童相談所における措置は受けるが、家庭裁判所には送致されない。

重要事項

少年法第 3 条では非行少年の対象を①犯罪を犯した少年（犯罪少年）② 14 歳未満で刑罰法令に触れる行為をした少年（触法少年）③保護者の監督に従わず、家出、不良交友、不純異性交遊等があり、その性格や環境に照らし将来罪を犯したり刑罰法令に触れるおそれがある少年（虞犯少年）の 3 つに定めている。虞犯少年は直接犯罪を犯しているわけではないものの、保護・福祉的な観点から様々な処分を受けることになる。2 年連続で出題された分野のため、少年法の概要についてと、犯罪白書の「非行少年の処遇―概要」をよく読み、把握することが大切である。

① ×　虞犯少年については少年法で 20 歳未満と規定されているが、下限への言及はない。
② ○　虞犯少年は家庭裁判所で処遇について判断され保護処分として少年院に送られることがある。
③ ×　少年法第 2 条によれば少年とは 20 歳に満たないもののことをいい、成人には適用されない。「罪を犯すかもしれない状態」を指す虞犯という概念は少年の成長発達や要保護性を踏まえて存在するものであり、成人の犯罪および刑罰を規定する刑法には虞犯という概念はない。
④ ○　上記の通り。
⑤ ×　少年法第 3 条には家庭裁判所の審判に付すべき少年に虞犯少年が含まれている。また第 41 条、42 条では原則としてすべての事件を家庭裁判所に送致すること（全件送致主義）が警察と検察に定められており、犯罪の嫌疑がない場合でも審判をうけるべき理由があれば同様に家庭裁判所に送致しなければならないとされる。虞犯少年も家庭裁判所に送致されることがあり、選択肢として正しいとはいえない。

正答　②④

▶ 問 56

女性の更年期障害について、正しいものを2つ選べ。
① エストロゲンの分泌が増加する。
② ゴナドトロピンの分泌が増加する。
③ 顔面紅潮や発汗は不眠の原因となる。
④ ホルモン療法は抑うつに効果がない。
⑤ 欧米人に比べて日本人では肩こりや腰痛の頻度が低い。

重要事項

女性は50歳前後で閉経を迎えるが、この前後の時期は更年期と呼ばれる。卵巣機能の低下による性腺ホルモンの変化により、顔面紅潮や、発汗、のぼせ、めまい、肩こり、腰痛など心身のさまざまな不調をきたすことがある。

① ×　卵巣機能の低下に伴いエストロゲンの分泌は低下する。エストロゲン分泌の低下が種々の更年期障害の症状の直接の原因となる。

② ○　ゴナドトロピン（性腺刺激ホルモン）は、下垂体前葉から分泌されるホルモンであり、卵胞刺激ホルモン（FSH）と、黄体形成ホルモン（LH）がある。更年期になりエストロゲンの分泌が低下すると、ネガティブフィードバックがかかり、ゴナドトロピンの分泌量が増加する。

③ ○　顔面紅潮や発汗は更年期障害に特に出現しやすい症状だが、当然このような症状があれば不眠の原因となる。また、これらの症状がなくとも不眠をきたすことがある。

④ ×　更年期障害の治療として、ホルモン補充療法が行われることがある。エストロゲン分泌低下に伴い抑うつ症状が出現している場合、ホルモンの補充で症状が改善することがある。

⑤ ×　肩こりや腰痛は日本人で頻度が高い症状である。欧米人に多い症状は顔面紅潮だが、これは日本人では頻度が低い。

正答　②③

▶ 問 57

うつ病にみられることが多い症状として、適切なものを2つ選べ。
① 心気妄想
② 迫害妄想
③ 貧困妄想
④ 妄想気分
⑤ 世界没落体験

重要事項

選択肢に挙げられているのはうつ病と統合失調症の主要な症状であり、この２つの内因性疾患に関する知識が問われている。
妄想は事実と異なったことを確信することで、しばしば内容は不合理であるが、訂正されない。うつ病患者が自己の価値や能力が低いと考える妄想を微小妄想という。そのうち罪業（罪責）妄想、貧困妄想、心気妄想はうつ病の三大妄想と呼ばれる。貧困妄想と心気妄想は下記の選択肢で解説した。罪業妄想は、自分が取り返しのつかない大変な罪を犯してしまった、そのために周囲の人間にも迷惑をかけるなどと思いこむ妄想である。

① ○　心気妄想は「不治の病に侵されて助からない」など、自身の健康を害したという妄想である。身体に関する妄想が著明になると「自分はすでに死んでいる」「内臓が存在しない」などという虚無妄想を呈することもある。なお妄想的ではないものの自身の健康に関して根拠がないにもかかわらず過剰にこだわるものは心気症という。
② ×　迫害妄想とは他人や組織から危害を加えられるという妄想のことで、統合失調症に多くみられる。
③ ○　貧困妄想とは「財産を失った」「経済的に破綻した」という妄想である。実際には貯金があることを確認しても患者の妄想は訂正されない。うつ病患者ではしばしば貧困妄想にもとづいて、医療費を払えないからという理由で治療を拒否することもある。
④ ×　妄想気分とは、周囲で何か不気味で異様なことが起きているようだという不安感のこと。統合失調症に典型的である。
⑤ ×　世界没落体験は「世界の終わりが来てしまう」「革命が起こる」などの妄想あるいは妄想気分のことで、統合失調症にみられる。

正答　①③

公認心理師を養成するための実習について、正しいものを2つ選べ。
① 公認心理師に求められる倫理や態度を学ぶ良い機会である。
② 実習生の評価には多肢選択式の客観的な試験による評価が適している。
③ 実習に先立って目標を明示し、実習指導者と実習生が共有することが重要である。
④ 実習生は、公認心理師の資格を持っていないため、クライエントの面接を行うべきではない。
⑤ 実習生がクライエントに直接関わらず見学のみの場合は、その同意をクライエントに求める必要はない。

重要事項

公認心理師を養成するための実習についての知識を問う設問である。実習は公認心理師法第7条の受験資格に関わるが、法律には詳しい記載はない。実習については「公認心理師法施行規則」と「通知」にあたる「公認心理師法第7条第1号及び第2号に規定する公認心理師となるために必要な科目の確認について」、「公認心理師養成に係る実習生の受入れに関する御協力のお願いについて（依頼）」に詳しく記載されている。そこには実習時間の規定や医療機関での実習が必須とされていることの他、大学院での実習内容として（ア）要支援者等に関する知識及び技能の修得（イ）要支援者等の理解とニーズの把握及び支援計画の作成（ウ）要支援者へのチームアプローチ（エ）多職種連携及び地域連携（オ）公認心理師としての職業倫理及び法的義務への理解が挙げられている。また実習の指導の留意点として、実習ノートなどを作成し実習目標の共有をすること、実習内容についての評価や個別指導、実習生本人の自己評価について考慮して進めること等が書かれている。

① ○　上記（オ）にあたる。
② ×　実習には実習目標の共有や個別指導や実習生本人の自己評価が大切とされており、客観的な試験は適さないと考えられる。
③ ○　上記により目標の共有が大切なため○になる。
④ ×　心理面接実施の是非についての記載はなく、実習プログラムに委ねられている。公認心理師は名称独占の資格であるため、資格の有無で面接ができないわけではない。しかし実習先で面接を行う際には、十分な知識を習得し、実習担当員の指導、クライエントの同意のもとに行うことが大切である。
⑤ ×　見学であっても、実習への協力を要支援者に説明・依頼し、同意を得ることが原則である。可能であれば実習生も要支援者に挨拶をしたり、一言添えたりすることが望ましい。

正答　①③

▶問 59

児童虐待

2 歳の女児 A。母親が専業主婦であり、保育所には通所していない。母子関係は良好で安定しており、特にこれまで母親と父親のいずれからも身体的虐待などの不適切な養育を受けたことはない。しかし、最近、母親に対する父親の暴力が頻繁に生じるようになり、また、3 歳の兄 B がささいなことで父親から激しい身体的虐待を受けるようになった。

今後、A に生じてくることが想定される心理的反応や親子関係について、最も適切なものを 1 つ選べ。

① B と助け合う行動が増える。
② 母子関係はその後も良好であり続ける。
③ 父親に対して次第に怒りなどの敵対的な感情を表出するようになる。
④ 頻繁に泣いたりぐずったりするなどの情緒面での動揺が激しくなる。
⑤ 問題行動が生じる可能性はあるが、B に比べれば、対応の必要性は低い。

重要事項

DV と児童虐待が同時に起きている事例。就学前の子どもは地域や学校との接点が乏しいことから家庭内の問題が潜在化しやすく、早期発見と適切な対応が喫緊の課題である。「児童虐待の防止等に関する法律」には、子どもに夫婦間暴力（DV、IPV）を見せることは心理的虐待にあたることが明確に定義されている。関連法規として「児童福祉法」「配偶者暴力防止法」がある。虐待の種別に関しては【問 143】を参照。

① ×　実際に父親から暴力を受けている B は恐怖と不安に曝され、心身ともに助けや守りを求めている。また、B 同様に A も大きな不安と混乱を体験し、安心できる居場所を求めていると想定される。極限の状況に置かれている幼い兄妹がお互いを助け合うことは知的・情緒的発達の面からみても難しいだろう。

② ×　DV 被害を受けている母親は父親に対する恐怖心から B に対する父親の暴力を制止できなくなっていることが予想される。そのような母親の心理的混乱を受けて母子の信頼関係は以前より不安定になると思われる。

③ ×　2 歳という年齢から A が状況を客観的に理解し父親に怒りを向けることは考えにくい。

④ ○　2 歳の A が母親や兄に対する父親の暴力を繰り返し目撃することの苦痛と恐怖は計り知れないほど大きく、情緒的混乱を呈することが想定される。

⑤ ×　幼児期に受けた虐待による精神的苦痛は、心理的発達の土台となる基本的信頼感や愛着の形成を阻害する。B と同様、A の心のケアの必要性は強調してしすぎることはない。

正答　④

▶ 問 60　EAP での心理検査

21 歳の女性 A、会社員。伝えたいことを言葉で表現することが苦手で、不安が高まるとますますコミュニケーションが困難となる。職場では、苦手な電話対応を担当業務から除き、作業の指示にあたってもメモを活用するなど、十分な配慮を受けており、職場の居心地は良く、仕事にもやりがいを感じている。他方、自宅から職場が遠く、また自立したいという希望もあるが、親元を離れて一人暮らしを始めることに不安を感じている。A はその相談のため会社が契約する心理相談室に来室した。

心理相談室の公認心理師が A の支援をするにあたり、A に実施するテストバッテリーに含める心理検査として、最も適切なものを 1 つ選べ。

① CBCL
② Conners 3
③ IES-R
④ Vineland-Ⅱ
⑤ VRT

重要事項

EAP（Employee Assistance Program；従業員支援プログラム）で心理的支援を行う際に必要な心理検査の知識を求められている。EAP とは、企業などの事業主と契約を結び、その従業員に対して事業所外でカウンセリングやメンタルヘルスケアを行うものである。

① ×　心理社会的な適応状態や行動・情緒の問題をアセスメントするシステムとして ASEBA がある。適用年齢は 1 歳 6 か月～ 60 歳以上で、評価対象者の年齢や評価者により異なる 9 種のチェックリストから構成される。その中で CBCL（Child Behavior Checklist）は子どもの行動を評価するものである。

② ×　Conners 3 は、ADHD とその関連症状のアセスメントを目的とした質問紙。対象は 6 ～ 18 歳で、複数の回答者（本人、保護者、教師）による情報をもとに様々な生活場面での対象者の様子を評価する。DSM-5 に準拠している。

③ ×　IES-R（Impact of Event Scale-Revised；改訂出来事インパクト尺度）は、PTSD に関連する症状を測定するための質問紙。

④ ○　Vineland-Ⅱは適応行動の評価尺度で、対象者の適応行動の水準を同年齢群と比較して相対的に評価するとともに個人内差を把握できる。支援の必要な行動を客観的に示すことができるため、発達や知的に障害を持つ人の支援計画を立案する際に役立つ。

⑤ ×　VRT（Vocational Readiness Test；職業レディネス・テスト）は、中学生以上の学生が将来の職業選択について考えることを援助する進路探索用検査。

正答　④

▶問 61　　発達検査のテストバッテリー

2 歳 2 か月の男児 A。A の保護者は、A の言葉の遅れと、視線の合いにくさが気になり、市の相談室に来室した。現時点では、特に家庭での対応に困ることはないが、同年代の他の子どもと比べると、A の発達が遅れているのではないかと心配している。また、どこに行っても母親から離れようとしないことも、気にかかるという。

A の保護者からの情報と A の行動観察に加え、公認心理師である相談員が A に実施するテストバッテリーに含める心理検査として、最も適切なものを 1 つ選べ。

① WPPSI-Ⅲ
② CAARS 日本語版
③ 新版 K 式発達検査
④ 日本語版 KABC-Ⅱ
⑤ S-M 社会生活能力検査

重要事項

言葉の遅れなどの問題を抱える幼児のテストバッテリーとして、どの検査が適切かを問われている。保護者からの情報と行動観察に加えることで、言葉の遅れも含めた発達の状況を広く把握できる心理検査が求められる。発達検査や知能検査は適用年齢が定められている点に注意したい。

① ×　WPPSI は D. Wechsler によって開発されたウェクスラー式知能検査の一種である。WPPSI は幼児用ではあるが適用年齢が 2 歳 6 か月から 7 歳 3 か月であり、不適切である。

② ×　CAARS は C. Keith Conners らによって開発された質問紙法の ADHD 評価スケールである。自己記入式の質問 66 問と観察者評価式の質問 66 問からなる。適用年齢が 18 歳以上であり、不適切である。

③ ○　新版 K 式発達検査は発達状況を「姿勢・運動（P-M）」、「認知・適応（C-A）」、「言語・社会（L-S）」の 3 領域に分けて評価する。適用年齢は生後 100 日頃から成人までで、検査目的にも適している。

④ ×　K-ABC は A. S. Kaufman らによって開発された、知的能力を認知処理過程と知識・技能の習得度の両面から評価する知能検査である。日本語版 KABC-Ⅱは 2 歳 6 か月から 18 歳 11 か月が適用年齢である。

⑤ ×　S-M 社会生活能力検査は上野一彦らによって開発された検査で、保護者や担任教師が回答する。適用範囲は乳幼児から中学生で、子どもの社会生活能力を 6 つの領域（身辺自立、移動、作業、コミュニケーション、集団参加、自己統制）に分けて評価する。保護者からの情報と重なる部分が大きく、最も適切とは言えない。

正答　③

▶問 62

31 歳の女性 A。身体疾患により一時危篤状態となったが、その後回復した。主治医は、再発の危険性はないと説明したが、A はまた同じ状態になって死ぬのではないかという不安を訴え、ベッドから離れない。病棟スタッフからはリハビリテーションを始めるよう勧められたが、かえって不安が強くなり、ふさぎ込む様子がみえたため、主治医が院内の公認心理師に面接を依頼した。

公認心理師がまず行う対応として、最も適切なものを 1 つ選べ。

① 心理教育として死生学について情報提供を行う。
② 不安を緩和するためのリラクゼーションを行う。
③ 再発や危篤の可能性が少ないことを引き続き説得する。
④ 面接の最初に「あなたの不安はよく理解できる」と言う。
⑤ 死の恐怖とそれを共有されない孤独感を話してもらい、聴く姿勢に徹する。

重要事項

まず、再発の危険性がないことに留意する。再発の危険がある場合とない場合では、A の不安の持つ意味合いが変わってくる。次に、医師からの説得、病棟スタッフからのリハビリテーションの提案はかえって不安を強めていることに着目し、チーム医療の観点から、心理師に何が求められているかを考える必要がある。ここで求められているのは A の感じている不安に共感したうえで、傾聴していくことだろう。

① ×　A が死を目前に控えた重篤な身体疾患を抱え、死への不安を受け入れていくことが心理的課題となっている状態であるならばこうした心理教育が有効な場合もあるが、本事例はそうした状態にはあたらないので不適切である。
② ×　病棟スタッフからリハビリテーションを勧められた際に、かえって不安が強くなっている点に留意する。A の現在の心理状態では、リラクゼーションの提案も A の不安を増悪させかねない。よって不適切である。
③ ×　この事例で心理師に求められているのはクライエントの不安への対応であり、そのためには不安を受けとめ、共感的に理解する必要があるだろう。説得は A の不安を根拠のないものだと否定することとして受け取られかねず、不適切である。
④ ×　A の話を聞く前に「理解できる」と伝えても、A 自身の不安に共感してもらえたとは体験されないだろう。よって不適切である。
⑤ ○　共感と傾聴の姿勢を示すことが本事例では適切と考えられる。

正答　⑤

▶ 問 63

インテーク面接での対応

32 歳の女性。民間のカウンセリングセンターに電話で申し込んだ上で、来所した。申込時の相談内容には「夫婦の関係で困っている」と記載されている。

インテーク面接を担当する公認心理師が自己紹介や機関の説明をした上で、具体的に相談内容を聞き始める際の発言として、最も適切なものを 1 つ選べ。

① 今日は、どういうご相談でしょうか。
② どうして、ご夫婦の関係が問題なのですか。
③ ご夫婦の関係についてのご相談ということですが、なぜここに相談を申し込まれたのですか。
④ お電話ではご夫婦の関係で困っていらっしゃると伺いましたが、ご結婚はいつなさったのですか。
⑤ お電話ではご夫婦の関係で困っていらっしゃるとのことでしたが、もう少しご事情をお話しいただけますか。

重要事項

インテーク面接は受理面接とも呼ばれ、クライエントの初回の来談に際し、主訴の把握、成育歴や病歴・家族歴等の聴取、見立て、ラポール形成、治療契約等を目的とする。インテーク面接は 1 回のみでなく複数回行う場合もある。また、インテーク面接の担当者がそのまま心理療法を担当する場合も、他の者が担当する場合もある。インテーク面接の進め方としては、クローズドクエスチョンを多用すると単なる情報収集に終始しかねず、オープンクエスチョンを用い、クライエントの語り方にも着目することが見立てのために有益である。

① ×　事前の情報がない状態であればこうした問いかけは有効であるが、クライエントは既に「夫婦関係で困っている」と主訴を伝えているので、事前情報をこちらが把握していることを示した上で聞いていく方が適切である。そうでないと、不信感を抱かせかねない。
② ×　理由より前に具体的な状況を聞くべきである。
③ ×　来談経緯を問う質問ではあるが、「なぜここに」という問いかけは、適切な相談機関ではないというメッセージになりかねず、不適当である。
④ ×　まずはオープンクエスチョンで質問し、不明確な部分を選択肢のようなクローズドクエスチョンで埋めていく方が適当であり、最初の発言としては不適切である。
⑤ ○　既に得ている主訴をより具体的に把握するためのオープンクエスチョンによる問いかけであり、インテーク面接の導入として適切である。

正答　⑤

▶ 問 64

75 歳の男性 A。総合病院の内科で高血圧症の治療を受けている以外は身体疾患はない。起床時間は日によって異なる。日中はテレビを見るなどして過ごし、ほとんど外出しない。午後 6 時頃に夕食をとり、午後 8 時には床に就く生活であるが、床に就いてもなかなか眠れないため、同じ病院の精神科外来を受診した。診察時に実施した改訂長谷川式簡易知能評価スケール〈HDS-R〉は 27 点であった。診察した医師は薬物療法を保留し、院内の公認心理師に心理的支援を指示した。

A に対する助言として、最も適切なものを 1 つ選べ。

① 寝酒は寝つきに有効かもしれません。
② 眠くなるまで布団に入らないようにしましょう。
③ 1 時間程度の昼寝で睡眠不足を補ってください。
④ 健康のために、少なくとも 8 時間の睡眠が必要です。
⑤ 午前中に 1 時間くらいのジョギングをしてみましょう。

重要事項

高齢者の不眠の改善には、なるべく日中に刺激を与えて覚醒させること、夜間睡眠の妨げになる原因をなくすことを心がける必要があるが、A は高血圧の治療中であるため、その治療の妨げにならない介入が求められる。また、HDS-R が既に実施されており、27 点のため認知症の可能性は極めて低いと考えられる点にも留意する（20 点以下で認知症の疑いとされる）。

① ×　眠前のアルコール摂取は睡眠を浅くし、睡眠の質を低下させる。また、飲酒習慣は血圧上昇の原因ともなるため、高血圧症の改善のためにはアルコール摂取量の制限が推奨されている。不眠、高血圧の治療のどちらにとっても不適切な助言である。

② ○　A は午後 8 時には床についているが、眠気がないのに床につくことで寝つきが悪くなり、中途覚醒が増える悪循環に陥っている。眠気が出てから就寝することでノンレム睡眠の時間を増やし、睡眠の満足度を向上させることができる。

③ ×　昼寝は日中の生活リズムを崩し、夜間睡眠の妨げとなるため、不適切である。

④ ×　高齢になるほど、睡眠は浅くなり、睡眠時間も減ってくる。70 代の睡眠時間の平均は 6 時間以下であり、8 時間睡眠を推奨する必然性はない。よって不適切である。

⑤ ×　高齢高血圧患者にも運動療法が効果的であるという報告があるが、60 歳以上で勧められているのは早足歩行などの軽度の運動である。特に高血圧患者の場合、運動強度が強すぎると運動中の血圧上昇が顕著であるため、激しい運動は慎重に行うべきである。

正答　②

▶ 問 65　　大人のひきこもり支援

26 歳の男性 A。A の両親がひきこもり地域支援センターに相談のため来所した。A は 3 年前に大学を卒業したが、就職活動を途中で中断し就職はしていない。1 年前まではたまにアルバイトに出かけていたが、それ以降は全く外出していない。インターネットを介して知人と交流しているが、長時間の使用はない。独語や空笑は観察されず、会話や行動にも不自然さはないという。A は医療機関への受診を拒絶している。

両親への対応として、最も適切なものを 1 つ選べ。

① 家族教室への参加を勧める。
② インターネットの解約を助言する。
③ 地域包括支援センターを紹介する。
④ 精神保健福祉法に基づく移送制度の利用を助言する。
⑤ 精神障害者相談支援事業所の利用について情報を提供する。
（注：「精神保健福祉法」とは、「精神保健及び精神障害者福祉に関する法律」である。）

重要事項

厚生労働省では、2009（平成 21）年度から「ひきこもり対策推進事業」を創設し、「ひきこもり地域支援センター設置運営事業」を開始、2013（平成 25）年度からは「ひきこもり支援に携わる人材の養成研修・ひきこもりサポート事業」を実施している。ひきこもり地域支援センターはひきこもりに特化した第一次相談窓口とされ、ひきこもり支援コーディネーターが本人や家族に電話対応、相談、家庭訪問を中心とした訪問支援を行うことにより、早期に適切な機関に繋ぐことが求められる。

① ○　本人が外出できない状況であるため、家族支援が第一の目標である。家族教室を通して、家族の感じている孤立感を和らげ、家族が粘り強く子どもに関わり続けることに繋げる。

② ×　ひきこもりと同時にインターネットへの依存が生じている場合、無理に解約をすると、かえって依存が強まったり、イライラや不安などの離脱症状が現れる場合がある。A にとっては外界と繋がる重要なツールであるため、解約の必要はない。

③ ×　地域包括支援センターは介護保険法によって定められた機関であり、地域の高齢者を介護や福祉、医療の面で支えていくことを目的としている。長期化したひきこもりの相談窓口となることはあるが、今回の場合は窓口にはならない。

④ ×　精神保健福祉法 34 条にある移送制度は、精神科治療が必要かつ有効にもかかわらず治療を拒否する患者を医療に結びつけるために患者を搬送する制度である。A には、独語や空笑など、治療の緊急性がある精神障害の可能性は低い。

⑤ ×　精神障害のある人向けの相談支援事業所については、A が精神障害と診断される場合に、利用を検討することになる。

正答　①

▶ 問 66

4 歳の女児 A。A は 2 週間前に豪雨による水害で被災し、避難所で寝泊まりをするようになった。避難所では母親のそばを片時も離れなかった。10 日前に自宅に戻ったが、自宅でも A は母親について回り、以前していた指しゃぶりを再びするようになった。夜静まると戸外の音に敏感になり、「雨、たくさん降ったね。川からゴーって音したね」と同じ話を繰り返した。被災から 2 週間がたつが A は保育園にもまだ行けないため、母親は保育園を巡回している公認心理師に、対応の仕方を尋ねてきた。

公認心理師の助言として、適切なものを 1 つ選べ。

① 通園させるように強く促す。
② 母子が少しずつ離れる練習をする。
③ 指しゃぶりをやめさせるようにする。
④ 災害時の様子を話し始めたら、話題を変える。
⑤ 災害に関するニュースなどの映像を見せないようにする。

重要事項

人は予期せぬ災害や事件・事故に遭遇した場合に、こころの外傷を経験し、さまざまな反応を起こす。トラウマから 1 か月以内に認められる反応を急性ストレス障害(acute stress disorder: ASD)と呼ぶ。就学前の幼児の場合には、ストレス反応を言葉ではなく様々な行動として表現する。数日から数週間にわたり、指しゃぶり、暗闇を怖がる、一人で置かれるのを怖がる、おねしょをする等の子どもがえりが生じるが、これは異常なことではない。多くの場合、家族や周囲が理解し支持することで解決する。しかし、こうした行動が長期にわたる場合には専門家による心理的援助が必要とされる。

① ×　無理に通園を促すことは不安感を高める結果にしかならない。A が安全を感じることのできる環境にいることが必要である。

② ×　上記の理由により、いま無理に母子分離を促す必要はなく、いつも以上に一緒にいる時間をもつことが必要となる。

③ ×　一過的な退行現象であるため、必要なこととして受け止めて見守ることが必要である。

④ ×　子どもが自発的に、自分に何が起きたかを語りだすときには、その内容を繰り返しよく聞き、感情や考えを表出する場を提供することが重要である。

⑤ ○　外傷体験を思い出す刺激に触れると、いままさにそれが起こっているような錯覚、フラッシュバックが生じ、著しい精神的な苦痛に襲われる可能性がある。そのため、この時期には災害にまつわる映像刺激を遠ざける必要がある。

正答　⑤

▶ 問 67　ADHD の子どもへの対応

5 歳の男児 A。落ち着きがないことから、両親が児童相談所に来所した。A は乳幼児期から母親と視線を合わせ、後追いもあり、始歩 1 歳 0 か月、始語 1 歳 3 か月で、乳幼児健康診査で問題を指摘されたことがなかった。ただし、よく迷子になり、気が散りやすく、かんしゃくを起こすことが多く、何かあると母親は A をすぐに叱りつけてしまう。幼稚園でも、勝手に部屋から出ていったり、きちんと並んで待てなかったりするなど集団行動ができない。

この事例に対して児童相談所の公認心理師がまず行うべき対応として、最も適切なものを 1 つ選べ。

① 一時保護をする。
② 薬の服用を勧める。
③ しつけの方法を指導する。
④ 療育手帳の申請を勧める。
⑤ 発達検査を含むアセスメントを行う。

重要事項

乳幼児健診は乳幼児健康診査の略であり、公費で実施される公的健診と私費による私的健診に分かれる。公的には 1 歳までの乳児期に 2 回以上、そして 1 歳 6 か月児および 3 歳児の健診を各市町村が実施することになっている。療育手帳は、知的障害児または知的障害者に対して、一貫した指導・相談・各種の援護措置を受けやすくするために、子ども家庭相談センターまたは精神保健福祉センターでの判定に基づき交付される。自閉症スペクトラム症や ADHD、LD が疑われる際には発達検査や知能検査を含むアセスメントが必須となる。

① ×　児童虐待防止法では、児童虐待に係る通告（第 6 条第 1 項）または市町村等からの送致（児童福祉法第 25 条 7 第 1 項第 1 号等）を受けた場合、子どもの安全の確認を行うよう努めるとともに、必要に応じ一時保護（児童福祉法第 33 条第 1 項）を行うものとされている。今回の母親からの相談は虐待相談ではない。

② ×　薬物については医師の判断のもとになされるべきであり、また、A の状態像を把握できていない現時点では、アセスメントが優先となる。

③ ×　家庭場面でも園においても、落ち着きのなさや多動が見られるため、母親のしつけによる問題だけではなく、A の生来の特性を把握する必要がある。

④ ×　療育手帳は知的障害がある場合に発行されるため、知的能力のアセスメントが優先となる。

⑤ ○　母親の語りにある A の特徴から、ADHD の特性である多動や衝動性の高さが疑われ、それによる不適応が生じている可能性がある。そのため、発達検査を含むアセスメントを行い、今後の養育や支援の方針を考える必要がある。

正答　⑤

▶ 問 68

いじめ防止対策

9 歳の男児 A、小学 3 年生。同じクラスの B と C とはいつも一緒に下校していたが、1 週間前から B と C は下校中に A をおいて走って帰ったり、3 人分のランドセルを A に持たせたりしていた。そのため、A がこのようなことを嫌がり、「学校に行きたくない」と言っていると、A の保護者から校内の公認心理師に相談があった。

A の保護者に許可を得た上で、公認心理師が担任教師に行う助言として、最も適切なものを 1 つ選べ。

① A を他の児童と帰らせるように助言する。
② B と C の謝罪をもって解決とするように助言する。
③ A にいじめられた理由を考えさせるように助言する。
④ 当事者の家庭での解決を求めるように助言する。
⑤ 事実を確認し、学校のいじめの対策組織に報告するように助言する。

重要事項

2013 年に公布された「いじめ防止対策推進法」は、いじめの防止等のための対策、そして総合的かつ効果的な推進を目的に「国及び地方公共団体及び学校」の責務等を規定した法律である。その中では「いじめ」についての定義があり、いじめの対応については「組織的対応」と「心理、福祉の専門家との連携」が明記されている。

① × 第 23 条第 2 項には、まず、いじめが生じているかどうかの事実の有無を確認するための措置を講じること、そしてその結果を学校の設置者に報告することが明記されている。

② × 上記にあるように、謝罪によっての解決を目指す前に、事実関係の確認が必要となる。

③ × 実際にいじめが存在した場合に、教師や学校が加害者側の立場に立つことになる。

④ × 第 23 条第 3 項には、学校がいじめの事実を確認した際には、いじめをやめさせ、再発防止のために、複数の教職員が、心理や福祉の専門家の協力を得て、児童に対する支援や指導、保護者への助言を継続的に行うように記載がある。当事者の家庭のみでの解決は目指さない。

⑤ ○ 第 22 条には、いじめの防止にまつわる措置のため、複数の教職員と、心理や福祉の専門家、関係者による組織を置くことが記されている。関係児童への事実確認の聴取ののちに、学校に設置されているいじめ対策の組織への報告が必要となる。

正答 ⑤

▶ 問 69

17 歳の男子 A、高校 2 年生。A は、無遅刻無欠席で、いつもきちんとした身なりをしており真面目と評されていた。ところが、先日、クラスメイトの女子 B の自宅を突然訪ね、「デートに誘っても、いつも『今日は用事があるから、今度またね』と言っているけれど、その今度はいつなんだ」と、B に対して激昂して大声で怒鳴りつけた。この経緯を知った A の両親が A の心理を理解したいと A を連れて心理相談室を訪ねてきた。

A の心理特性について見立てるためのテストバッテリーに加えるものとして、最も適切なものを 1 つ選べ。

① AQ-J
② MPI
③ SDS
④ STAI
⑤ TEG

重要事項

テストバッテリーを検討する際に適切な心理検査を選択する力を問われている問題である。この事例より、男子 A は異性との距離感に課題を抱えており、その背景に自閉スペクトラム症の傾向があることが推測される。

① ○ AQ-J（自閉症スペクトラム指数日本語版）は、個人の自閉症傾向を測定することができる質問紙による心理検査である。自閉スペクトラム症のスクリーニング目的に使用することもできる。

② × MPI（モーズレイ性格検査）は、「外向性–内向性」及び「神経症的傾向」の 2 つの性格傾向を同時に測定することのできる、質問紙による心理検査である。L 尺度（虚偽発見尺度）が含まれているため、統計的な信頼性を確保することができる。

③ × SDS（職業自己診断テスト）は、最も幅広く使用されている質問紙による職業興味検査である。

④ × STAI（状態–特性不安テスト）は、2 種類の不安を測定することのできる質問紙による心理検査である。その時の生活体条件によって変化する一時的な情緒状態である状態不安と、不安状態の経験に対する個人の反応傾向を反映した特性不安を評価することができる。

⑤ × TEG（東大式エゴグラム）は、E. Berne が創始した交流分析に基づいて、5 つの自我状態を測定しグラフ化することのできる質問紙による心理検査である。医療や教育など幅広い領域で使用されており、対人関係のあり方を明らかにすることができる。

正答 ①

▶ 問 70

28歳の男性A。Aは1か月前に幻覚妄想状態を発症し、1週間前に精神科病院を受診した。統合失調症と診断され、抗精神病薬の投与が開始された。本日の早朝、家族の呼びかけに反応がなく、無動であったため、精神科病院に救急車で搬送された。意識障害、40℃台の高熱、発汗、頻脈、血圧上昇、四肢の筋強剛及び振戦を認める。頭部CT検査と髄液検査に異常はなく、血液検査では、白血球数の増加、炎症マーカーの亢進及びクレアチンキナーゼ〈CK〉の著明な上昇を認める。尿は暗赤褐色である。

Aの病態について、適切なものを1つ選べ。

① 熱中症
② 悪性症候群
③ 急性ジストニア
④ セロトニン症候群
⑤ 単純ヘルペス脳炎

重要事項

悪性症候群は抗精神病薬の有害事象の一つで、頻度は低いものの適切に処置しないと死亡することもある。向精神薬の副作用は第1回の問55、問104でも問われた。
抗精神病薬の他の副作用として、パーキンソニズム・アカシジア（静座不能）・ジスキネジア・ジストニアなどの錐体外路症状、高プロラクチン血症による月経不順・乳汁分泌、抗ヒスタミン作用による眠気・食欲亢進・体重増加、抗コリン作用による便秘・口渇などがある。またクエチアピン、オランザピン、クロザピンは副作用に血糖上昇があり、糖尿病患者への使用は禁忌である。

① ×　熱中症は高温・多湿の環境や過剰な運動にさらされて起きる体調不良で、めまい、頭痛、嘔吐、倦怠感などのほか、重症では意識障害や痙攣をきたす。

② ○　提示された症例は悪性症候群の典型的なケースである。悪性症候群の四徴は発熱、発汗・頻脈・血圧上昇などの自律神経症状、筋強剛・振戦などの錐体外路症状、意識障害である。抗精神病薬の急な増量や減量がリスクになる。悪性症候群を発症した場合は抗精神病薬を直ちに中止する。

③ ×　急性ジストニアは抗精神病薬による錐体外路症状の一つ。筋肉の不随意な収縮によって頸部の捻転、舌の突出、四肢・体幹の捻転、眼球の上転などが起きる。

④ ×　セロトニン症候群は選択的セロトニン再取り込み阻害薬（SSRI）などのセロトニン作動薬（多くは抗うつ薬）による有害事象である。高熱・発汗などの自律神経症状、腱反射亢進やミオクローヌスなどの神経・筋症状、見当識障害や不安・焦燥などの精神症状を生じる。

⑤ ×　単純ヘルペス脳炎は急性に発症して、発熱、頭痛のほか、意識障害・幻覚・妄想・痙攣などの精神神経症状を起こす。脳炎では脳波検査、髄液検査、頭部CTやMRIなどで異常を認めることが精神疾患との鑑別点である。

正答　②

▶ 問 71

79 歳の男性 A。3 人の子どもが独立した後、A は妻と二人暮らしだったが、1 年前にその妻に先立たれた。妻の死後しばらくは、なぜ丈夫だった妻が自分よりも早く死んだのかという思いが強く、怒りのような感情を覚えることが多かったが、最近はむしろ抑うつ感情が目立つようになってきている。近くに住む娘に、20 歳から 30 歳代だった頃の話を突然し始めたり、その一方で「自分のこれまでの人生は無駄だった、もう生きていてもしょうがない」というような発言が増えてきたりしている。また、本人は自覚していないが、既にやり終えたことを忘れてしまうことも少しずつ生じてきている。

A の心理状態の説明として、不適切なものを 1 つ選べ。

① 絶望
② 認知機能の低下
③ レミニセンスバンプ
④ 補償を伴う選択的最適化
⑤ 妻の死の受容過程の初期段階

重要事項

老年心理学の基礎的な知識を基にして、高齢のクライエントの心理状態を理解する力が問われている。この事例から男性 A に「妻との死別」「怒りから抑うつ感情への移行」「20 ～ 30 歳代の頃の記憶を想起」「『これまでの人生は無駄だった』という発言」「認知機能の低下」が生じていることが読み取れる。これらをもとに男性 A の心理状態を整理していく。

① ○　Erikson は老年期を「統合 対 絶望」の時期であると特徴づけている。事例文の A は「自分のこれまでの人生は無駄だった」と発言している箇所より、自分の人生を非効率なもの（絶望）として捉えていることが推測される。

② ○　事例文の「既にやり終えたことを忘れてしまうことも少しずつ生じてきている」という箇所より、男性 A の認知機能の低下が推測される。

③ ○　高齢者は、昔の出来事を想起する際に 10 代～ 30 代の頃の出来事を多く再生する傾向がある。こうした傾向をレミニセンスバンプという。

④ ×　補償を伴う選択的最適化（SOC モデル）とは、加齢による機能低下に応じて今までできていたことへの影響を「補う（補償）」ために、これまでとは違う目標の「選択」を行い、現在の自分自身ができることを基にした「最適」な方略を取ること意味する。

⑤ ○　J. Bowlby は、愛着や依存の対象を失う対象喪失において、人は①無感覚 ②怒り ③絶望 ④再建の 4 つの段階を経ると主張した。問題文からは本ケースが「怒り」と「絶望」の間を行ったり来たりしていることが窺える。

正答　④

▶ 問 72

14歳の女子A、中学2年生。Aは母子家庭で育ったが、小学6年生のときに実母が再婚し、現在は継父を含めた三人家族である。ある日、Aの顔色が悪いため、友人がAを保健室に連れて行った。養護教諭がAから話を聞いたところ、Aは「あの人（継父）が夜中に部屋に入ってきて身体を触り、抱きついてくるから、家に帰りたくない」と語った。同時に「他の先生や親には絶対に言わないでほしい」と訴えた。養護教諭は重大な問題であるとAを諭し、教頭と校長に伝え、学校から児童相談所に通告をした。すぐに児童福祉司が学校でAと面談し、虐待の可能性が強いと判断し、Aを一時保護した。

現時点での児童相談所の対応として、適切でないものを1つ選べ。

① Aの了解を得て、産婦人科医の診察を受けてもらう。
② 児童福祉司が、継父の性的虐待を処罰するために告訴することを勧める。
③ 児童心理司による面接や一時保護所での行動観察を通して、被害の影響について調査、評価を行う。
④ 司法面接で用いられる面接技法のトレーニングを受けた職員が被害状況を確認するための面接を行う。
⑤ 児童福祉司が両親に対して、一時保護の理由、これからの見通し、保護者に不服審査請求の権利があることなどについて説明する。

重要事項

性的虐待への対応を問う問題である。性的虐待は子どもに深刻な影響を与えるために早急な対応が求められるが、事実確認が非常に困難な場合が少なくないために、対応する側に高度な専門性が要求される。厚生労働省の公表している「子ども虐待対応の手引き」を参考にし、性的虐待への対応の基本的な流れとポイントを把握しておく必要がある。

① ○　性的虐待が疑われる場合、妊娠の有無、性器の診察や性感染症の検査が必要である。性器の外傷や性感染症の存在は性的虐待の存在が強く疑われる。
② ×　性的虐待として告訴するなどの司法的手続きは、子どもに強い心理的負担を与える。今後予想される展開を子供に十分理解してもらった上で、子どもの意思を十分に考慮し、その後の対応を決定していく必要がある。
③ ○　行動面の特徴や問題行動を評価する必要がある。性的虐待が疑われる場合、性に対する誤った認識や非行文化への親和性を持っていることがある。
④ ○　法的被害確認面接という。
⑤ ○　法的には保護者の意思を確かめる必要はないが、意思を確かめ同意を求めたうえで一時保護することが原則である。

正答　②

▶ 問 73

8 歳の男児A、小学 2 年生。入学当初から落ち着きがなく、授業中に立ち歩く、ちょっとしたことで怒り出すなどの行動があった。2 年生になるとこのようなことが多くなり、教室から飛び出し、それを止めようとした担任教師に向かって物を投げるなどの行動が出てきた。

A の行動を理解するためのスクールカウンセラーの初期対応として、不適切なものを 1 つ選べ。

① A の作文や絵を見る。
② A の知能検査を実施する。
③ 年次の担任教師から A のことを聞く。
④ 担任教師や友人の A への関わりを観察する。
⑤ A の家庭での様子を聞くために、保護者との面接を担任教師に提案する。

重要事項

スクールカウンセラー（以下 SC）の初期対応を問う問題である。この事例では、「入学当初から落ち着きがなく～怒り出すなどの行動があった」という記述から、児童 A の問題行動の背景に発達障害があることが推測される。SC は A の行動についての理解と、A 自身の困り感を捉えるために、学校内でできるインフォーマルなアセスメントを進める必要がある。

① ○　作文や絵を見ることは、書字、文章構成力、器用さ、内的世界などを評価する手がかりとなる。

② ×　知能検査を実施する前に、担任や保護者からの聞き取りや行動観察などのインフォーマルなアセスメントを進める必要がある。また、SC が心理検査を実施することが必ずしも適切であるとは限らない。必要に応じて医療機関や教育センターなどにリファーすることが望ましい。

③ ○　担任教師の話を聞くことで、A の学校での様子や担任としての困り感を聴取することができる。

④ ○　コミュニケーションの特徴やソーシャルスキルの評価をすることができる。

⑤ ○　保護者との面接を通して、就学前の様子や成育歴・既往歴、家庭での困り感などを聴取することができる。

正答　②

▶ 問 74　　会社員の疲労感への心理的支援

35 歳の男性 A、営業職。時間外・休日労働が社内規定の月 60 時間を超え、疲労感があるとのことで、上司は公認心理師に A との面接を依頼した。直近 3 か月の時間外・休日労働の平均は 64 時間であった。健康診断では、肥満のために減量が必要であることが指摘されていた。疲労蓄積度自己診断チェックリストでは、中程度の疲労の蓄積が認められた。この 1 か月、全身倦怠感が強く、布団から出るのもおっくうになった。朝起きたときに十分に休めた感じがなく、営業先に向かう運転中にたまに眠気を感じることがあるという。

公認心理師の対応として、不適切なものを 1 つ選べ。

① 生活習慣の把握を行う。
② うつ病などの可能性の評価を行う。
③ A に運転業務をやめるように指示する。
④ A の医学的評価を求めるように事業主に助言する。
⑤ 仕事の負担度、仕事のコントロール度及び職場の支援度を把握する。

重要事項

過労の蓄積、熟睡困難、無気力感の強い会社員への公認心理師の対応について問う問題である。公認心理師の対応として、まずは業務面や身体面、心理面への総合的なアセスメントを行うべきである。

① ○　健康診断で肥満が指摘されているため、生活習慣の把握をしながら身体面へのアセスメントを行うことは妥当な対応である。

② ○　熟睡困難、出勤への億劫さといったエピソードがあり、うつ病の可能性をアセスメントすることは重要である。

③ ×　現段階では、運転業務をやめるという具体的な指示を下すべきではない。また、この指示を公認心理師が行うべきかという疑問も残る。

④ ○　身体面や心理面でのより具体的で専門的なアセスメントをするために、医学的評価を事業主に促すことは妥当な判断である。

⑤ ○　仕事の負担度、仕事のコントロール度や職場の支援度を把握するといったアセスメントは重要であり、組織内での環境調整をするためにも妥当な判断である。

正答　③

▶問 75　　学生相談室における心理的支援

23 歳の男性 A、大学 4 年生。A が学生相談室に来室した。昨年度末で卒業の予定であったが、必修科目の単位が取得できず留年した。その必修科目については 1 年次から何度も履修を繰り返し、単位取得に向けて最大限の努力を続けてきたが、結果は全て不合格であった。今年度からは、留年した学生のための特別な学習指導を新たに受けられるようになった。それにもかかわらず、努力をしても無駄だと感じて意欲を喪失し、欠席が続いている。

現在の A についての説明として、最も適切なものを 1 つ選べ。

① 自尊感情が過度に低い。
② テスト不安が過度に高い。
③ 学習性無力感に陥っている。
④ ソーシャルスキルが不十分である。

重要事項

大学生への心理的支援について問う問題である。青年期である大学生は、アイデンティティに関する発達課題があり、将来に向けて自己像が不安定になりやすくなる。大学生にはこれまでの学校教育とは異なり、主体的でかつ能動的に学ぶ姿勢が問われる。大学における相談窓口としては、学生相談が挙げられる。学生相談では、履修や就学上の問題、就職といった進路上の問題、友人関係の問題など多様な対応が求められる。A は、留年をして、単位取得に困難を感じ、意欲喪失に陥っている。取得できる情報から心理的な支援を検討するためにもまずは総合的なアセスメントを行うべきである。

① × 「努力をしても無駄だと感じて意欲が喪失し、欠席が続くようになっている」という箇所があるが、これが必ずしも過度な自尊感情の低下を意味するとは断定できない。
② × テスト不安の高さを想定するには、本文の内容では不十分である。A の留年や必修科目の繰り返される不合格が、必ずしもテスト不安に起因するとは限らない。
③ ○ 必修科目の不合格から特別な学習指導を受け、意欲低下に繋がっているという全体の流れから、A の現状として学習性無力感を想定することは適切である。
④ × ソーシャルスキルに関する文章が見られず、A の問題とは無関係である。

正答　③

58 歳の女性A。1 年前に会社の健康診断で軽度の肥満と高血糖を指摘されたが、そのままにしていた。最近、家族に促されて総合病院の糖尿病内科を受診したが、自ら治療に取り組んでいくことに前向きになれない様子であった。そのため、多職種からなる治療チームで対応を検討することになり、そのメンバーである公認心理師に A に対する心理的支援が依頼された。

A に対する心理的支援を様々な職種と連携しながら進める上で、適切なものを 2 つ選べ。

① 心理面接で A から得た情報は、他職種から得た情報よりも常に重要である。
② 治療初期の心理的支援の主な目的は、服薬アドヒアランスを高めることである。
③ 生物心理社会モデルに基づき、A の心理面だけでなく身体面や社会面も理解する。
④ A のセルフモニタリングから得られた情報を他職種と共有しながら、食事や運動の行動変容を進める。
⑤ 医師、看護師、管理栄養士など多くの職種の専門性を活かすために他職種の行っていることに意見をしないようにする。

重要事項

チーム医療での公認心理師の動きについて問う問題である。チーム医療では、各々の高い専門性のもとに目的と情報とを共有し、業務を分担しつつ連携・補完し合い、患者の状況に合わせた医療を提供する必要がある。公認心理師法第 42 条 1 項では、「公認心理師は、その業務を行うに当たっては、その担当する者に対し、保健医療、福祉、教育等が密接な連携の下で総合的かつ的確に提供されるよう、これらを提供する者その他の関係者等との連携を保たなければならない」としている。

① ×　心理面接で得た情報が他職種から得た情報よりも常に重要であるとは限らない。生物心理社会モデルに基づき統合的なアセスメントを行う必要がある。
② ×　A の服薬アドヒアランスを高めることは主に医師の業務内容に該当するであろう。心理的支援を行うには A の総合的なアセスメントを行うことである。
③ ○　公認心理師のアセスメントは、生物心理社会モデルに基づく。
④ ○　A のセルフモニタリングの情報から、多職種連携を通して食事や運動などの行動変容を進めることは妥当な支援である。
⑤ ×　他職種の業務に意見をしないことは、むしろ A に関する適切なアセスメントを阻害することになり、心理面での支援が希薄になる可能性もある。

正答　③④

▶ 問 77　急性ストレス障害（ASD）／心的外傷後ストレス障害（PTSD）

12 歳の女児 A。祖父 B と散歩中に自動車にはねられた。B は全身を打撲し、救命救急センターの集中治療室で治療を受けているが、意識障害が持続している。A は下肢骨折により整形外科病棟に入院した。入院後、A は夜間あまり眠れず、夜驚がある。日中は、ぼんやりとした状態がみられたり、急に苛立ち、理由もなくかんしゃくを起こしたりする。両親が自宅から持ってきた A の好きなぬいぐるみを叩いたり、壁に打ち付けたりする。

A の行動の説明として、適切なものを 2 つ選べ。

① 素行障害
② 解離性障害
③ 反応性アタッチメント障害
④ トラウマティック・ボンディング
⑤ ポストトラウマティック・プレイ

重要事項

急性ストレス障害及び心的外傷後ストレス障害についての理解を問う問題である。DSM-5 によると、PTSD は「生命に関わるような危険や深刻な怪我、性的暴力など、精神的衝撃を受けるトラウマ（心的外傷）の体験や目撃で生じる、特徴的なストレス症状群」と定義される。症状の持続が 1 か月以上のものを PTSD、トラウマから 1 か月以内のものは ASD と分けている。中核症状として、①再体験症状、②回避・精神麻痺症状、③過覚醒症状の 3 つがあり、また解離症状を伴うことがある。今回の症例では、交通事故というトラウマを体験しており、不眠や夜驚、苛立ちは過覚醒症状と考えられる。

① ×　素行障害は、他人や動物への攻撃性、器物損壊、嘘や窃盗、規則違反などを特徴とする症候群であるが、本症例ではこれを疑わせる記載は見られない。
② ○　PTSD、ASD の下位分類に解離症状がある。解離症状は離人感と現実感消失が特徴である。本症例で見られる日中のぼんやりした状態は解離症状と考えられる。ただし解離症状があるからといって必ずしも解離性障害の診断名がつくわけではないので、本問の「解離性障害」という選択肢は正答として疑問が残る。
③ ×　反応性アタッチメント障害は、不適切な養育に引き続いて起こる障害であり、嬉しさや楽しさなどの感情表現が少なく、つらい時でも人に甘えられず、やさしさを拒否するような態度が見られることが特徴である。
④ ×　トラウマティック・ボンディングとは、トラウマが生じている関係の中で構築される特殊なつながりを意味する。たとえば虐待や DV などの被害者がその加害者に対して好意的な感情を持つこと、と説明される。
⑤ ○　特に子どもは、トラウマ体験を遊びの中で「再演」することがあり、これをポストトラウマティック・プレイと呼ぶ。今回の症例は、「A の好きなぬいぐるみを叩いたり、壁に打ち付けたりする」ことが、交通事故の再演となっていると考えられる。

正答　②⑤

生物心理社会モデルについて、適切なものを 1 つ選べ。
① スピリチュアリティを最も重視するモデルである。
② クライエントを包括的に理解する上で有用なモデルである。
③ 医療技術の高度化を促進するために考案されたモデルである。
④ 生物生態学的モデルへの批判を背景に生まれたモデルである。
⑤ クライエントの健康や疾病に責任を持つのは医療従事者とみなすモデルである。

重要事項

生物心理社会モデル（bio-psycho-social model：BPS モデル）とは精神科医の G. L. Engel が 1977 年の論文 “The Need for a New Medical Model: A Challenge for Biomedicine” で使用した言葉である。生物的、心理的、社会的なアプローチを体系的に統合し、クライエントの包括的な理解につなげるモデルである。心理学の専門家においては生物的、社会的要因を排除せず尊重し、アセスメントする姿勢が求められる。論文のタイトルにもあるように、生物医学（biomedicine）への批判的な姿勢が含まれていた。

① ×　スピリチュアルな問題を最も重視するものではない。
② ○　上述の通り。
③ ×　医療の高度化が専門化や細分化をもたらし、人を総合的に診るという姿勢が失われたことへの批判として考案された。
④ ×　「生物」という語を共通させたいわゆる「ひっかけ問題」である。生物生態学とは、動植物と環境との相互作用を取り扱う学問分野である。国内では通常「生態学」と呼ばれる。生物心理社会モデルは生物学もしくは生物医学への批判である。
⑤ ×　G. L. Engel は医師の責任を、患者を評価することとどう行動すべきか推奨することにあると述べ、そのために生物的、心理的、社会的な様々な知識と技能が必要であることを強調している。またこのモデルによれば、医療に従事しない公認心理師においても要支援者の健康や疾病を理解する際、心理モデルだけに偏らず、生物心理社会モデルに基づいた総合的人間理解が求められることになる。

正答　②

▶ 問 79

怒りの感情

基本感情のうちの怒りについて、適切なものを 1 つ選べ。
① 敵意帰属バイアスは、怒りの喚起を抑制する。
② パラノイド認知の性格傾向のある人は怒りを生じにくい。
③ 進化論の観点からは、怒りは自然淘汰上の有利さをもたらす。
④ 怒りの表情に対する認知については、異文化間での共通性はない。
⑤ タイプ C パーソナリティの人は怒りを含むネガティブ感情を表出しやすい。

重要事項

感情とは非常に多面的な概念であり、定義にも様々なものが存在する。基本感情をいくつとみるかという点についても様々な見解がある。心理学においては、感情は「表情反応」「生理反応（心拍の変化など）」「行動反応」「認知」の 4 つの視点で捉えられ、研究の対象となることが多い。本問題は「怒り」に関するものである。「怒り」の取り扱いは心理面接において非常に重要なポイントであり、公認心理師は「怒り」について様々な観点から理解しておく必要がある。昨今では怒りをコントロールするためのアンガーマネージメントの重要性も高まっている。

① ×　敵意帰属バイアスとは他者の行為を敵意や攻撃性に基づいたものと判断してしまう偏った認知傾向のことである。それゆえに怒りの喚起は抑制されるのではなく、むしろ助長される。よって「怒りの喚起を抑制する」は適切ではない。

② ×　パラノイド認知の性格傾向者は、他者による意図の曖昧な行為を敵意に基づくものと判断しやすいため、怒りは生じやすいと考えられる。よって「怒りを生じにくい」は適切ではない。

③ ○　Darwin の進化論によれば、怒りが喚起されることで自分や家族の身を守るための重要な攻撃行動が引き起こされるため、自然淘汰上の有利さをもたらすと考えられている。よってこの設問は適切である。

④ ×　感情表出の汎文化性が指摘されており、異文化間でも怒りを含むいくつかの感情においては表情表出に共通性があることがわかっている。よって「共通性はない」は不適切である。

⑤ ×　タイプ C パーソナリティの人は周囲を気遣い、我慢強く、怒りや不満などの感情を抑制する傾向を示すため、ネガティブな感情は表出しにくいと考えられる。よって「怒りを含むネガティブな感情は表出しやすい」は不適切である。

正答　③

▶ 問 80

1 要因分散分析の帰無仮説として、正しいものを 1 つ選べ。
① 全ての水準の母平均は等しい。
② 全ての水準間の母分散は等しい。
③ 全ての水準の母平均は等しくない。
④ 少なくとも 1 組の水準間の母平均は等しい。
⑤ 少なくとも 1 組の水準間の母平均は等しくない。

重要事項

分散分析は 3 つ以上のグループ（水準）の母平均間の差を調べるために用いられる。このとき、分散分析は各グループ（水準）の母集団の分散の大きさに違いがあるかを検定することになる。そして各グループ（水準）のデータの値に変化を与える要素が 1 つである場合、「1 要因分散分析」または「1 元配置分散分析」と呼ぶ。比較される 3 つ以上のグループ（水準）間のいずれかの組み合わせに差があることを主効果と呼ぶ。また、帰無仮説も必ず押さえておきたい用語である。統計学検定を行う際に、ある仮説が正しいかどうか判断するために立てられる「棄却されることが期待される仮説」を帰無仮説と呼ぶ。つまり「差がある」ということを証明するためには「差がない」という帰無仮説を立てる必要がある。

① ○　分散分析では各グループ（水準）の母平均間に差があることを証明したいので、帰無仮説は「母平均は等しい」になる。よって正しい。
② ×　分散分析は確かに「分散」を比較しているが、証明したいのは「分散」の差ではなく、母平均の差であるため不適切である。
③ ×　これは証明したい仮説であり、棄却されることが期待される帰無仮説としては不適切である。
④ ×　分散分析はまず 3 つ以上のグループ（水準）の「いずれかの組み合わせ」に差があるかどうかを検定するため、「少なくとも 1 組」という文言が不適切である。3 つ以上のグループのどの組み合わせに差がある / ないのかを調べるためには多重比較、交互作用という次の段階の検定を行う必要がある。
⑤ ×　④と同様の理由で不適切である。また、「等しくない」は③と同じ理由で帰無仮説として不適切である。

正答　①

▶ 問 81

運動視に関連した現象として、正しいものを 1 つ選べ。
① McGurk 効果
② マッハバンド
③ 変化の見落とし
④ McCollough 効果
⑤ フラッシュラグ効果

重要事項

運動視に関する基本的な問題である。運動視とは対象物の動いている速さやその運動方向を把握する視覚の機能のことをいう。私たちは目に見えているものの形や色だけでなく、運動も予測・解析して外界を捉えている。運動視には実際にそのものが動いている運動の知覚と、実際は静止していても運動しているように見えてしまう運動の錯覚がある。後者には仮現運動、誘導運動、自動運動などが含まれ、これらも確認しておきたい。

① × McGurk（マガーク）効果とは､ある音（仮にアとする）を発話する映像と、その音とは別の音（仮にケとする）を発話する映像を組み合わせて視聴すると、アでもケでもない第 3 の音が知覚されるという効果である。聴覚情報と視覚情報の相互作用に関する効果であり、運動視とは関連せず、間違いである。

② × マッハバンドとは Ernst Mach（エルンスト・マッハ）が発見した錯視の一種である。色の濃淡（明度）を変化させていくと、明るいところの隣接部はより暗くなり、暗いところの隣接部はより明るくなるため、そこに実際にはない勾配が見えるようになる。この勾配を引き起こす帯状の部分をマッハバンドと呼ぶ。運動視とは関連せず、間違いである。

③ × 変化の見落としとは、視覚的には明らかに捉えられているはずの物理的変化を見落としてしまう現象である。1 か所だけ変化させた二枚の写真を順番に提示するフリッカー法と呼ばれる実験が有名である。運動視とは関連せず、間違いである。

④ × McCollough（マッカロー）効果とは方向特異性色残像のことであり、縦または横などの方向性の異なる赤の縞と緑の縞を交互に凝視し、その後白黒の縞を見ると薄い赤に色づいて見える現象のことである。1965 年に McCollough 博士によって発見された。運動視とは関連がなく､間違いである。

⑤ ○ 移動している物体 A と静止した物体 B が物理的に並んだその瞬間において、移動している物体 A の方が物体 B よりも先に進んだ位置に知覚されるという錯覚現象をフラッシュラグ効果と呼ぶ。これは運動視に関連した現象であり、正しい。

正答 ⑤

▶ 問 82

動物を対象とした研究において、うつ状態に関連する現象として、最も適切なものを 1 つ選べ。

① 負の強化
② 学習性無力感
③ 嫌悪条件づけ
④ 受動的回避学習
⑤ 代理的条件づけ

重要事項

心理学の歴史には様々な動物実験が存在する。M. E. P. Seligman と S. F. Maier による学習性無力感に関する実験もその一つである。スイッチを押すと電撃が止まる状況に置かれた犬と電撃を止める方法がない状況に置かれた犬の比較実験である。前者は積極的にスイッチを押すようになるが、後者は何をやっても無駄であるという認知を学習し、結果的には全く抵抗を示さない状態になってしまう。これは学習性無力感と呼び、その後 Seligman はうつ状態の無力感モデルに発展させている。

① ×　特定の反応 A を動物が行うと、それに随伴して動物に与えられていた嫌悪刺激が消失されるという状況を設定する。するとその動物の反応 A の生起頻度が上昇する。このようにある刺激（主に嫌悪刺激）を減少させることで、特定の反応の生起頻度を上げる手続きを負の強化と呼ぶ。うつ状態には特に関係しておらず適切ではない。

② ○　学習性無力感はうつ状態の無力感モデルに発展しており、うつ状態に関連する現象と考えられるため、適切である。こうした学習された無力感、つまり何をやっても無駄だという認知を変える方法として Seligman は認知行動療法を挙げている。

③ ×　嫌悪条件づけとは、嫌悪刺激と別の何らかの刺激 A を同時に提示すると、その刺激 A によって嫌悪刺激と同じ不快な情動が喚起されるようになることをいう。結果、刺激 A は回避されるようになる。うつ状態には特に関連しておらず適切ではない。

④ ×「動かない」という受け身の対処によって危険を回避できるということをマウスに学ばせる動物実験がある。これを受動的回避学習と呼ぶ。これも特にうつ状態には関連せず、適切ではない。

⑤ ×　代理的条件づけとは、モデルとなる人物の条件づけ場面を観察者が見ることで、観察者にも同じ条件づけが成立することをいう。観察学習の一種であり、うつ状態には特に関連せず、適切ではない。

正答　②

▶ 問 83

視床下部–下垂体系の解剖と生理について、正しいものを１つ選べ。

① 視床下部のニューロンの一部は下垂体前葉に軸索を送る。
② 視床下部は下垂体後葉ホルモンの分泌を制御するホルモンを産生する。
③ 視床下部で産生されたホルモンは下垂体門脈によって下垂体に運搬される。
④ 視床下部から分泌されるソマトスタチンは下垂体からの成長ホルモンの分泌を促進する。
⑤ 血液中の副腎皮質刺激ホルモンの濃度が上昇すると、視床下部に対する負のフィードバックが低下する。

重要事項

人体の内分泌系は、視床下部→下垂体前葉→性腺という指示系統により統御されている。ある内分泌臓器におけるホルモンの分泌量が低下すると、その上流の内分泌臓器からのホルモンの分泌量がネガティブ・フィードバックという機構により増加する。

① ×　視床下部から下垂体前葉にはニューロンの連続性はなく、下垂体前葉ホルモンを刺激するホルモンが視床下部から放出され、下垂体門脈を通じて下垂体前葉にある受容体に結合することで、性腺刺激ホルモンが放出される。
② ×　視床下部では、下垂体前葉ホルモンの分泌を制御するホルモンが産生される。
③ ○　①の解説の通り。
④ ×　視床下部からは、成長ホルモンを制御するホルモンが２種類分泌される。成長ホルモン放出ホルモンが成長ホルモンの分泌を促進する一方、成長ホルモン抑制ホルモン（ソマトスタチン）は成長ホルモンの分泌を抑制する。
⑤ ×　副腎皮質刺激ホルモン放出ホルモン（CRH）は視床下部から放出され、下垂体前葉からの副腎皮質刺激ホルモン（ACTH）の放出を促進し、ACTH は、副腎皮質に作用し副腎皮質ホルモンの放出を促す。ACTH の濃度が上昇すると、ACTH が過剰であるという情報が視床下部にフィードバックされ、CRH の分泌量が減少する（ネガティブ・フィードバック）。

正答　③

▶ 問 84　記憶障害へのリハビリテーション

脳損傷後に記憶障害を呈する者に対して、スケジュール管理のためのメモリーノートの使用を勧めることがある。これに該当するリハビリテーション手法として、正しいものを 1 つ選べ。

① 環境調整
② 反復訓練
③ 外的代償法
④ 内的記憶戦略法
⑤ 領域特異的知識の学習

重要事項

記憶障害へのリハビリテーション手法に関する問題である。記憶障害のリハビリテーションには機能改善型の支援、能力代償型の支援、外的代償型の支援、行動変容型の支援、環境調整型の支援などがある。また、患者の意識（覚醒）水準や注意力、遂行機能なども注意深く観察する必要がある。加えて、患者自身の記憶障害への理解や病識なども援助活動を行う場合には重要な視点となる。こうした障害の程度や理解度に応じて支援の内容を考えていくことが重要である。

① ×　環境調整型の支援とは、記憶するために多大なエネルギーを費やさなくても済むように、生活上の工夫・調整を行う支援法である。情報を分かりやすい絵や図などで視覚的に提示したり、定期的な行動に沿って想起の手がかりを配置したりするなどがある。メモリーノートの使用は該当せず間違いである。

② ×　反復訓練は機能改善型の介入であり、単語や絵カードなどを記銘して想起することを繰り返し練習する。そうして障害されている記憶機能を回復させることを目標とする。メモリーノートの使用は該当せず間違いである。

③ ○　外的代償法とは何らかの外的な手段を使って、患者の記憶機能を補う方法である。日記や IC レコーダーへの記録なども外的代償法に該当する。スケジュールを管理するために、メモリーノートを勧めるというのは外的代償法に該当するため、正しい。

④ ×　内的記憶戦略法とは、視覚イメージや言葉などと覚えるべき情報を結び付けて記憶機能を補強しようとする方法である。視覚イメージ法や顔–名前連想法、言語的仲介法などがある。メモリーノートとは「外的」な手段であり、「内的」な戦略ではないため間違いである。

⑤ ×　領域特異的知識の学習とは、記憶機能全般の回復よりも、日々の生活の中で現実的に必要とされる特定領域の知識の獲得と維持を目的にリハビリテーションを行うことを指している。メモリーノートの使用は該当せず間違いである。

正答　③

▶ 問 85

R. L. Selman による役割取得（社会的視点取得）の発達段階のうち、自他の視点の両方を考慮する第三者的視点をとれるようになる段階として、正しいものを 1 つ選べ。
① 相互役割取得の段階
② 主観的役割取得の段階
③ 自己中心的役割取得の段階
④ 自己内省的役割取得の段階
⑤ 象徴的相互交渉の役割取得の段階

重要事項

R. L. Selman の社会的視点取得の発達段階に関する問題である。Selman は L. Kohlberg の道徳性の発達段階理論における役割取得の概念を、社会的視点取得能力と定義し、その発達段階を理論化した。Kohlberg の道徳性の発達段階理論も同様に重要である。Kohlberg は道徳性の発達段階を「前慣習的ステージ」「罰と従順志向」「道具的相対主義」「良い子志向」「法と秩序志向」の 5 段階に分けている。

① ○　「自己と他者の両者がお互いに相手を主体として見ることができる」ということを認識できる段階のことである。この段階になると第三者的視点を持つことができるようになる。よって正しい。
② ×　他者が自分と似ている、または異なる見方をしている、ということは認識できるが、まだ一つの見方からしか考えられない段階であり、間違いである。
③ ×　自己と他者が異なる存在であることは認識できているが、それぞれが独自のものの見方をしているとはまだ認識できていない段階であり間違いである。
④ ×　人はそれぞれ独自のものの見方をしているということは認識しており、他者の立場に立って考えるということもできる段階。しかしまだ他者や自己の見方を相互に関連付けて抽象的に思考するまでには至っていないので間違いである。
⑤ ×　第三者的視点を取得した次の段階であり、間違いである。相互的な見方が可能であるが、それが必ずしも十分な理解を生むわけではないということも認識している段階で、グループの成員の立場や役割、経験に関係なく、社会的慣習というものが必要であると理解している。

正答　①

▶ 問 86

ディスレクシアに関する説明として、正しいものを 1 つ選べ。
① 限局性学習症に含まれる。
② 読み書き不能の状態である。
③ 言語発達に問題はみられない。
④ 音読はできるが理解ができない。
⑤ 読みの速度は速いが不正確である。

重要事項

ディスレクシアは、文字の読み書きに限定して困難が生じる疾患で、DSM-5 の限局性学習症に含まれる。ディスレクシアを直訳すれば、「読みの障害」であるが、読字に問題があると、多くは書字にも問題が生じるため、総合して日本語では「発達性読み書き障害」という言葉がよく用いられる。その基盤には、音韻処理の困難があると考えられている。改訂版標準読み書きスクリーニング検査（STRAW-R）や、CARD 包括的領域別読み能力検査などの検査がある。

① ○　DSM-5 では、限局性学習症は「読字の障害を伴う」「書字表出の障害を伴う」「算数の障害を伴う」という 3 つのタイプに分けられる。ディスレクシアは、狭義には「読字の障害を伴う」タイプに分類され、限局性学習症に含まれる。
② ×　ディスレクシアの読字障害、あるいは書字表出の障害は、読み書き不能の状態ではなく、正確に読むのに時間がかかったり、頻繁に間違えてしまったりする状態であると言える。
③ ×　ディスレクシアは、知的能力の低さや勉強不足が原因ではなく、脳機能の発達に問題があると考えられる。ディスレクシアは言語発達障害の一つであり、主に読み書きの言語発達に問題が生じる。
④ ×　ディスレクシアでは、音読に困難が生じるが、理解は可能である。一度音読して内容が理解できると、2 回目の音読はスムーズになることが多い。
⑤ ×　読むのに時間がかかり、かつ不正確である。正確に読もうと思うと、さらに時間がかかってしまう。

正答　①

▶ 問 87　　Flynn 効果

知能検査における Flynn 効果について、正しいものを 1 つ選べ。
① 中高年ではみられない。
② 平均 IQ が徐々に低下する現象である。
③ 欧米諸国では効果が認められていない。
④ ウェクスラー式知能検査のみで検出される。
⑤ 流動性知能は結晶性知能より、この効果の影響を強く受ける。

重要事項

Flynn 効果とは、知能指数（IQ）の平均スコアが過去 100 年にわたって上昇しているという現象のことである。この現象は 20 世紀後半に J. R. Flynn によって報告された。彼は 35 か国を対象に、ウェクスラー式知能検査とスタンフォード・ビネー式知能検査を用いて、この現象を見出している。この研究では 2 歳～ 48 歳までの人が対象となっている。その後も様々な研究が行われているが、IQ の上昇がどういった要因によって引き起こされているかについての定説はまだ存在しない。

① ×　Flynn 効果は 2 歳～ 48 歳を対象とした研究によって示されており「中高年ではみられない」は間違いである。
② ×　Flynn 効果とは平均 IQ が上昇しているという現象のため、「低下する」は間違いである。
③ ×　Flynn 効果とは欧米諸国を含む 35 か国を対象とした研究によって示されているため、「欧米諸国では、効果が認められていない」は間違いである。
④ ×　スタンフォード・ビネー式検査やレーヴン漸進的マトリックス検査なども使用しているため「ウェクスラー式知能検査のみ」という部分が間違いである。
⑤ ○　正しい。推論や抽象化能力などの流動性知能が必要とされるレーヴン漸進的マトリックス検査において、Flynn 効果はより顕著に示されている。

正答　⑤

▶ 問 88

乳児院に一時保護された 1 歳半の幼児の認知・言語機能を評価する心理検査として、最も適切なものを 1 つ選べ。

① WPPSI-Ⅲ
② 日本語版 KABC-Ⅱ
③ 田中ビネー知能検査Ⅴ
④ ベンダー・ゲシュタルト検査
⑤ 遠城寺式乳幼児分析的発達検査

重要事項

様々な心理検査が存在するが、それぞれ「何を」評価しているのか、「誰（年齢制限など）を」対象にしているのかは覚えておくべき基本事項である。この問題では 1 歳半の幼児（誰を）に実施できる、認知・言語機能（何を）を評価できる検査を選択する必要がある。

① ×　WPPSI とはウェクスラー式の知能検査の中でも最も幼い子どもを対象にしている検査である。適用範囲は 2 歳 6 か月～ 7 歳 3 か月のため、1 歳半の幼児には実施できず、適切ではない。

② ×　KABC-Ⅱとは、Kaufman 博士夫妻によって開発された知能検査である。継次処理と同時処理などの認知処理能力に加えて、学力の基礎となる習得度が評価できる点が特徴的である。K-ABC は適用範囲が 2 歳 6 か月～ 12 歳 11 か月であったが、Ⅱに改訂される際に 2 歳 6 か月～ 18 歳 11 か月に変更されている。1 歳半には使用できず、適切ではない。

③ ×　田中ビネー知能検査Ⅴとは、ビネー式の知能検査であり、今の時代の子どもに即した内容になっていて、様々な能力の基礎となる「一般知能」を測定することを目的としている。適用範囲は 2 歳～成人である。1 歳級の問題もあるが、基本的には適用範囲外であり、「最も適切」とは言えない。

④ ×　9 つの幾何図形の模写を行う検査であり、視覚・運動の発達を評価する検査である。児童用は 5 歳～ 10 歳、成人用は 11 歳～成人が適用範囲である。認知症の評価や脳損傷後の評価などに用いられる。適用範囲、評価するもの共に適切ではない。

⑤ ○　乳幼児の発達の程度について全般的に評価・分析する検査である。特に心身障害児の発達について比較的簡単に検査することが可能で、発達の問題が生じている部位とその程度がグラフ化され把握することができる。適用範囲は 0 歳～ 4 歳 7 か月である。適用範囲も該当し、言語・認知など発達全般について評価できるため、適切である。

正答　⑤

▶ 問 89

認知症の高齢者への回想法について、正しいものを 1 つ選べ。
① 行動の変容を目標とする。
② 個人面接では実施しない。
③ 昔の物品を手掛かりにする。
④ 一定の間隔をあけて繰り返す。
⑤ 認知に焦点を当てたアプローチである。

重要事項

回想法（Life Review）は、アメリカの精神科医（R. N. Butler）によって 1963 年に提唱された、高齢者を対象とする心理療法である。その方法は、クライエントにあるテーマに沿ってライフヒストリーを回想してもらうというものである。回想法を行うことによって、クライエントの心理的安定が得られることや、エリクソン（E. H. Erikson）が老年期の最終課題として提示した「自我の統合」が達成できる可能性が開かれることが期待される。現在、わが国では認知症患者を対象として医療機関や施設などを中心に積極的に導入されている。

① ×　回想法は心理的安定を図ることが主な目標である。しかし、認知症患者においては心理的安定によって、二次的に認知症の行動・心理症状（BPSD）が緩和される可能性はある。

② ×　回想法の形式には 1 対 1 で行う個人回想法と、6 ～ 8 人で行う集団心理療法としてのグループ回想法がある。他にも夫婦同席で行う夫婦回想法、家族回想法などの方法もある。

③ ○　回想法では「ふるさと自慢」「子ども時代の遊び」など、その日の話題を予め設定する。その際、お手玉や駄菓子など実際の物品を手がかり刺激に用いることで、五感が刺激され、過去の体験に深い情緒が伴うことが期待できる。

④ ×　集団での実施を行う場合、グループの凝集性を育てるために 1 週間に 1 回、同じ曜日の同じ時間に行うことが原則とされている。しかし個人回想法を行う場合には、患者の生活上の問題や健康上の問題などの状況に応じ、適切な頻度や時間、実施期間といった構造を臨機応変に設定する必要がある。

⑤ ×　回想法は過去、現在、未来につながるライフヒストリーについての語りを促すことで、クライエントの心理的安定を図るアプローチである。認知症患者を対象として行う場合はあるが、認知（ものの見方や現実の受け取り方）にアプローチすることを目的としていない。

正答　③

▶問 90　デイケアにおける利用者ミーティング

精神障害回復者社会復帰訓練事業におけるデイケアでの利用者ミーティングの運営について、最も適切なものを１つ選べ。

① 原則として挙手により発言者を募る。
② 決められた全時間の参加を義務づける。
③ 利用者同士の関わりは最小限度にする。
④ 司会担当者は利用者の発言を止めてはならない。
⑤ 会話だけでなくホワイトボードや紙に書いて伝達する。

重要事項

精神障害者を対象としたデイケアでは、再発防止、生活リズムの改善、復職へのリハビリ、対人関係の練習、体力や集中力の回復などを目的にグループ活動を通してリハビリテーションが行われる。各施設によって対象や目的、用意されているプログラムは様々である。利用者ミーティングは、利用者が主体となり、集団での話し合いを行う活動のことを指す。利用者同士の相互交流や集団での課題達成、問題解決といった経験を通して、利用者個人の社会復帰を促すことが期待される。

①×　利用者ミーティングは自由に発言できる雰囲気を作る必要があるため、挙手制は好ましくない。

②×　デイケアプログラムはあくまでも社会復帰のためのリハビリテーションである。利用目標と利用者の精神状態に合わせた参加が基本となる。

③×　デイケアにおける利用者ミーティングは、利用者間の話し合いが主な活動である。そのため利用者同士でのコミュニケーションは積極的に行われることが推奨される。

④×　利用者ミーティングは基本的に利用者主体で進められる。しかし、全ての利用者に平等な発言の機会が与えられる工夫が必要であり、場合によっては利用者の発言を制止し、他の利用者に発言の機会を設ける場合もある。

⑤○　どのような利用者も話題や意見を適切に理解した上で、ミーティングに参加できるような配慮が必要である。利用者の中には、発達特性や精神障害の影響による認知機能の低下によって集中力の保持や聴覚的刺激の取り入れが困難な者もいる可能性がある。そのため、ホワイトボードや紙の活用は利用者ミーティングを行う上で必要な配慮である。

正答　⑤

▶ 問 91　自閉スペクトラム症／自閉症スペクトラム障害（ASD）

自閉スペクトラム症／自閉症スペクトラム障害〈ASD〉について、正しいものを 1 つ選べ。

① 男性よりも女性に多い。
② 知的障害を伴うことはない。
③ 精神障害者保健福祉手帳の対象ではない。
④ 放課後デイサービスの給付対象ではない。
⑤ 感覚過敏は DSM-5 の診断基準の中に含まれている。

重要事項

ASD の概念は歴史的な変遷があるが、DSM-5 では、ASD を定義する症状として、①社会的コミュニケーションの障害（SC）、②興味の限局と常同的・反復的行動（RRB）の 2 つが挙げられている。SC はさらに①社会的情緒的相互性、②非言語的相互理解、③対人関係の問題に、RRB は①常同反復的な運動・言語使用・物体使用、②日課と儀式、③普通でない興味、④感覚の異常の問題にそれぞれ細分化されている。

① ×　男女比は変遷があるものの 2 ～ 3：1 で男性に多い。ただ、現在の診断基準が、主に男性の症状に基づいて作られてきた経緯もあり、潜在的な ASD 女性も多いものと推察され、統計上の男女比も徐々に差が小さくなってきている。

② ×　年代によって知的障害の併存率には大きな変化があるが、比較的高確率（数十%）で ASD には知的障害を伴う。

③ ×　精神障害者保健福祉手帳は、一定程度の精神障害の状態にあることを認定するものであり、公共料金の優遇など様々なメリットがある。ASD を含む発達障害も精神障害者保健福祉手帳の対象になることは、厚生労働省が公表している。

④ ×　放課後等デイサービスは、児童福祉法に基づいた障害児通所支援であり、学校通学中の障害児に対して、放課後や長期休暇などに継続的に訓練を行い、児童の自立を推進するものである。対象には ASD 児も含まれ、手帳の有無は問われない。

⑤ ○　前述のとおり、感覚過敏は DSM-5 で RRB ④「感覚の異常」として、診断基準に含まれている。

正答　⑤

▶ 問 92

解離性障害について、正しいものを 1 つ選べ。
① 自殺企図との関連は乏しい。
② 心的外傷との関連は乏しい。
③ 半数以上に交代性人格を伴う。
④ てんかんとの鑑別が必要である。
⑤ 治療の方針は失われた記憶を早期に回復させることである。

重要事項

第一回の問 35 の類問で、解離性障害への理解が求められている。
解離性障害は意識、記憶、自己同一性、知覚、身体運動などの統合が失われる障害である。実際の症状は多彩であり、DSM-5 では解離性障害を解離性同一性障害、解離性健忘、離人感・現実感消失障害に分類している。解離性同一性障害は 2 つ以上のパーソナリティ状態により特徴づけられる同一性の破綻のことである。解離性健忘は重要な自伝的情報を想起できなくなるものである。離人感・現実感消失障害は自らの考え、感情、感覚などの現実感が失われるものである。

① ×　希死念慮や自殺企図が多く、注意を要する。
② ×　高頻度に虐待などの外傷体験の既往がある。
③ ×　交代性人格を伴う解離性同一性障害は、解離性障害のうちでは多くない。
④ ○　てんかんでは、意識を失って倒れたり、体の一部が不随意運動を起こしたり、一時的に運動麻痺を起こしたりすることがあり、これらは解離性障害と鑑別を要する。鑑別の着眼点として、解離性障害では脳波異常がないこと、発作時間が長いことが多いこと、誘因があることが多いこと、発作形式が時によって異なること、舌咬傷や失禁が一般には起きないことなどがある。
⑤ ×　解離は病態であると同時に、耐え難い記憶を処理するための防衛機制としての側面もあると考えられる。解離された記憶を性急に扱おうとすることは、患者に不安を与えかねない。治療ではまずは安全な環境をつくり、患者が安心感を得られるようにする。

正答　④

▶問 93

注意欠如多動症／注意欠如多動性障害〈AD/HD〉の二次障害について、正しいものを１つ選べ。
① 素行障害が出現しやすい。
② 気分障害の合併率は 5%以下である。
③ ペアレント・トレーニングは効果がない。
④ 精神分析的心理療法は治療の第一選択である。
⑤ 養育環境は二次障害の発症や程度に影響しない。

重要事項

注意欠如多動症／注意欠如多動性障害（AD/HD）は、多動性、衝動性、不注意の３主徴が基本症状であるが、それぞれの年代において様々な二次障害を合併する。小児期には反抗挑戦性障害や素行障害、反応性アタッチメント障害など、思春期から青年期には不安障害や気分障害、ひきこもり、物質関連障害などの合併が認められやすい。臨床場面では、これらを包括して広い視野から対応に当たることが重要である。

①○　AD/HDにおいて、素行障害は出現しやすい二次障害である。AD/HD患者は、しばしば破壊的行動の障害を合併し、成長に伴い、反抗挑戦性障害、素行障害、そして反社会性パーソナリティ障害へと増悪していくことが知られており、DBD（破壊的行動障害）マーチと呼ばれる。

②×　AD/HDにおいては、一般人口比より多い割合で、不安障害や気分障害を合併することが知られている。報告にもよるが、AD/HD患者の 30-40% がうつ病を併発するという報告もあり、少なくとも 5% 以下ということはない。

③×　AD/HDの治療には、本人への精神療法と薬物療法、家族や学校、会社などを広く含めた心理教育と環境調整が重要である。ペアレント・トレーニングは、主に小児期の介入において、子どもの問題行動への対応方法や上手な褒め方、指示の出し方などを保護者に学習してもらう支援方法であり、効果が証明されている。

④×　精神分析的心理療法とは、フロイトが創始した「精神分析」を基本とした心理療法であり、主に週に１回、45 分～ 50 分程度の時間で行われることが多い。対象者は不安障害や解離性障害、身体表現性障害などの従来「神経症」と呼ばれた一群が中心で、AD/HDの治療では第一選択ではない。AD/HDにおいては、環境調整と心理社会的治療から治療を開始することが原則である。

⑤×　幼少期に虐待を受けるなど、不適切な養育環境にあった子どもは、AD/HD様の症状の出現が増え、また素行障害や不安障害、気分障害などの併存リスクも高まることが示唆されている。

正答　①

▶ 問 94

適性処遇交互作用の説明として、正しいものを 1 つ選べ。

① 学習者の適性は遺伝と環境の相互作用によって形成される。
② 学習成果は教授法などの学習条件よりも学習者の適性によって規定される。
③ 教授法などの学習条件と学習者の適性の組合せによって学習成果が異なる。
④ 困難な学習課題であるほど、学習成果は教授法などの学習条件よりも学習者の適性によって規定される。
⑤ 容易な学習課題であるほど、学習成果は教授法などの学習条件よりも学習者の適性によって規定される。

重要事項

クロンバック（L. J. Cronbach）は、学習を行う上で同じ指導を行ったとしても、その効果が個々の学習者の適性によって異なることについて触れ、その現象を適性処遇交互作用（aptitude-treatment interaction: ATI）と名付けた。適正処遇交互作用では、学習者の「適性」と環境が与える「処遇」の組み合わせが学習の効果を規定すると考える。個別指導を重視する考え方の背景理論ともなっている。この現象における「適性」とは知能、学力、認知スタイル、パーソナリティ、動機付けなどの学習者の属性であり、「処遇」とは指導法、教材、評価方法、物理的条件、教師の特性などの要因を意味している。

① ×　遺伝は、知能、学力、認知スタイル、パーソナリティ、動機付けなど学習者の属性を指す適性を構成する大きな要素の一つであるが、環境は適性ではなく処遇を構成する要素である。
② ×　学習成果は、教授法などの学習条件と学習者の適性双方の相互作用によって規定される。
③ ○　適性処遇交互作用は、個々の学習者の適性と指導法（処遇）の組み合わせが学習効果を規定するというものである。
④ ×　学習成果は、学習者の適性とその適性に応じた処遇の両方の組み合わせによって規定される。学習課題が困難なものであった場合も、学習者の適性と適性に合った処遇（教材や指導法など）の組み合わせが学習の成果を規定すると考える。
⑤ ×　適正処遇交互作用における学習成果は、常に適性と処遇の相互作用によって生じるものである。学習が容易である場合の学習成果についても、学習者の適性と処遇の両因子の組み合わせによって規定されると考える。

正答　③

▶ 問 95

自殺のリスクマネジメント

自殺予防に対する公認心理師の対応や判断として、最も適切なものを 1 つ選べ。
① 自殺をしようと計画する人は、死ぬことを決意している。
② 自殺の危機が緩和されるまで、心理の深層を扱うような心理療法を継続する。
③ 公認心理師がクライエントと自殺について話をすると、自殺行動を引き起こすことになる。
④ 自殺が 1 つの選択肢であるという考えを一旦受容し、自殺が正しい判断ではないことを確認する。
⑤ クライエントが自殺について語るときは、注意を引きたいだけであるため、実際に自分自身を傷つけることはない。

重要事項

日本における自殺者は 1998 年以降年間 3 万人を超えていたが、2006 年自殺対策基本法が制定、2007 年には自殺総合対策大綱が発表され、2018 年までの間に 9 年連続の減少となっている（2018 年 2 万 598 人）。しかし、19 歳以下の自殺者数は増加しており、若年層への対策が早急に求められている実情がある。公認心理師は、様々な要因を背景として自殺のリスクを孕んだクライエントと出会う可能性が高い。そのため自殺についてのリスクアセスメントを行う上で的確に判断する能力を備えておく必要がある。

① ×　自殺の計画性（自殺計画の有無と計画の具体性）は自殺リスクを示す重要なポイントであるが、計画性のみを自殺の決意と直結させてはならない。精神状態や自殺に至るまでの状況など多面的にアセスメントを行う必要がある。

② ×　自殺行動のリスクが高まっている場合、深層心理学に基づいたアプローチよりも具体的、現実的な視点から危機介入を行うことが最優先とされる。

③ ×　自殺念慮を持つクライエントに対しては受容的な傾聴から始め、可能な限り早急に信頼関係を構築する必要がある。

④ ○　自殺のリスクが高いクライエントに対しては傾聴から始め、自殺について考えざるを得ない患者の心理状態を受容した上で、必要に応じて「自殺が正しい判断ではないことを確認する」など患者の状態に応じた現実的介入を行う必要がある。

⑤ ×　自殺を仄めかすクライエントの中には周囲の関心を引く意図があるものもいるが、クライエントの抱える精神疾患や心理状態、環境、社会文化的背景によっては自殺および自傷行為に至る可能性は常に念頭に置かなければならない。自殺について語られた際にはどのような場合でも、慎重にリスクアセスメントを行うことが重要である。

正答　④

▶ 問 96 生徒指導

学校における生徒指導に関する説明で、正しいものを 1 つ選べ。
① 教育相談の一環として行われる。
② 小学校に生徒指導主事を置かなければならない。
③ 問題や課題のある特定の子どもに対して行われる。
④ 学習指導要領には、生徒指導が位置づけられている。
⑤ 非行や暴力、反抗などの反社会的行動を修正することである。

重要事項

生徒指導は学習指導と並んで学校教育において重要な意義を持つものである。2010 年に文部科学省作成した生徒指導提要において、生徒指導は「一人一人の児童生徒の人格を尊重し、個性の伸長を図りながら、社会的資質や行動力を高めることを目指して行われる教育活動のこと」とされている。学校教育に関わる公認心理師は、心理学の知識や技法を使いながら生徒指導に対して貢献することが求められている。

① ×　生徒指導提要では「教育相談は、生徒指導の一環として位置付けられるものであり、その中心的な役割を担うもの」と記載されている。
② ×　生徒指導主事の法的な位置付けは、学校教育法施行規則第 70 条第 1 項に「中学校には、生徒指導主事を置くものとする。」とある。高等学校や特別支援学校等においても生徒指導主事の位置付けは中学校と同様である。しかし、小学校については生徒指導主事に当たる職の規定はない。
③ ×　生徒指導提要によれば生徒指導は「学習指導の場を含む、学校生活のあらゆる場や機会」や「授業や休み時間、放課後、部活動や地域における体験活動の場」において行われるとされている。つまり生徒指導は全ての児童生徒を対象に行われる必要がある。
④ ○　中学校学習指導要領第 1 章第 4 の 1 の（2）および小学校学習指導要領第 1 章第 4 の 1 の（2）において「生徒指導の充実を図ること」が位置づけられている。
⑤ ×　生徒指導提要では全ての児童生徒を対象として「自己指導能力」の育成を目指す方針が示されている。個別の課題を持つ生徒への指導についても、反社会的行動のみならず発達障害、いじめ、インターネット・携帯電話、自殺、不登校など、一人一人の児童生徒に合わせた生徒指導を行うことが求められている。そのため反社会的行動の修正のみが生徒指導の対象ではない。

正答　④

▶ 問 97

大学における合理的配慮について、最も適切なものを 1 つ選べ。
① 合理的配慮の妥当性の検討には、医師の診断書が必須である。
② 合理的配慮の内容は、授業担当者の個人の判断に任されている。
③ 合理的配慮は学生の保護者又は保証人の申出によって検討される。
④ 合理的配慮の決定手続は学内規程に沿って組織的に行うべきである。
⑤ 意思決定が困難な学生への合理的配慮は、意思確認を行わず配慮する側の責任で行う。

重要事項

2013 年 6 月に「障害を理由とする差別の解消の推進に関する法律（障害者差別解消法）」が制定され、2016 年 4 月に施行された。この法律では障害者基本法における「差別の禁止」規定が具体化され、障害者の差別解消を進めるため、差別的取扱いの禁止、合理的配慮の不提供の禁止が定められた。合理的配慮とは「障害者から現に社会的障壁の除去を必要としている旨の意思の表明があった場合において、その実施に伴う負担が過重でないとき」にその社会的障壁を除去すること、と規定されている。大学等については、国公立大学等は行政機関等における独立行政法人等に該当し（同法第 2 条 3 号)、合理的配慮の不提供の禁止は法的義務となっている（同法第 7 条)。また、私立大学等は事業者に該当し（同法第 2 条 7 号)、合理的配慮の不提供の禁止は努力義務になっている（同法第 8 条)。

① ×　合理的配慮を申し出る上での根拠資料は、何らかの資料で機能障害の状況と必要な配慮との関連が確認できればよい。例えば、障害者手帳の種別・等級・区分認定、適切な医学的診断基準に基づいた診断書、標準化された心理検査等の結果、学内外の専門家の所見、高等学校・特別支援学校等の大学等入学前の支援状況に関する資料などが挙げられる。
② ×　合理的配慮の内容は、授業担当者や特定の教職員の個人判断ではなく、委員会等で組織として最終決定がなされるようにする必要がある。
③ ×　合理的配慮の検討は、原則として学生本人からの申し出によって始まる。
④ ○　合理的配慮の決定手続きについては、大学が学内規定を定めそれに沿って組織的に行う。
⑤ ×　障害のある学生で、配慮が必要であるにもかかわらず、申し出がうまくできない状況にある場合には、本人の意向を確認しつつ、申し出ができるよう支援する必要がある。

正答　④

▶ 問 98

非行の要因に関する T. Hirschi の社会的絆理論について、正しいものを 1 つ選べ。

① 個人に対する社会的絆が弱くなったときに非行が発生すると考える。
② 親による子どもの直接的統制は、社会的絆の重要な源泉の 1 つである。
③ 社会的絆理論の基本的な問いは、「なぜ人は逸脱行動をするのか」である。
④ 友人への愛着が強い少年が、より非行を起こしやすいと考えられている。
⑤ 社会的絆の 1 つであるコミットメントとは、既存の社会的枠組みに沿った価値や目標達成に関わる度合いを意味する。

重要事項

犯罪、非行を引き起こす環境要因について論じたハーシ（T. Hirschi）は、社会的逸脱における個人と環境的要因の関係について質的な分析を行い、犯罪を抑制する環境に対する個人の態度や姿勢の特徴について理論化した。この理論が社会的絆理論である。なお、犯罪や非行の背景要因の研究として、犯罪を促進する環境要因（促進的環境要因）について述べた立場と、犯罪を抑制する環境要因（抑制的環境要因）について述べた立場があり、社会的絆理論は後者の立場を取る。また、社会的絆は 1）愛着、2）コミットメント、3）インボルブメント、4）規範信念の 4 つの絆要因から成るとされている。

① ×　社会的絆理論は、個人が社会に対して持つ絆について論じている。そのため「個人に対する社会的絆が弱くなったとき」という記載は、社会が個人に対して持つ繋がりについて述べたものであるため誤りである。

② ×　社会的逸脱を抑制する要因は、個人の外側にある外的統制要因と個人の内側にある心理的統制要因の 2 種類ある。親の直接的統制は外的統制要因にあたり、社会的絆理論は心理的統制要因について言及されたものである。

③ ×　社会的絆理論は、犯罪を抑制する要因について言及したものである。選択肢における「なぜ人は逸脱行動をするのか」という文章は、犯罪を促進する要因について言及している。

④ ×　T. Hirschi は社会的絆要因の中で、愛着を最も重視した。とくに彼は 1964 年にカリフォルニアの公立中学、高校生を対象としたデータ分析を行っており、非行仲間同士の結びつきは、この年代の健全な友人同士の結びつきに比べて弱いものであるという結果を導き出した上で、愛着は基本的に逸脱を抑制する方向に働くものだと主張している。

⑤ ○　社会的絆要因の一つであるコミットメントは、合法的生活の中で投資を行うことが、現在や将来の報酬に結びつくと信じ、既存の社会的枠組みに沿った価値や目標達成に関わる度合いを示すものである。

正答　⑤

▶ 問 99

E. H. Schein が提唱した概念で、職務の遂行にあたって、何が得意なのか、何によって動機づけられるのか、及び仕事を進める上で何に価値を置いているのかについての自分自身の認識のパターンのことを何というか、正しいものを 1 つ選べ。
① キャリア・ラダー
② キャリア・アンカー
③ キャリア・プラトー
④ キャリア・アダプタビリティ
⑤ ライフ・キャリア・レインボー

重要事項

キャリア形成・発達において重要とされる概念についての正確な知識を問う問題である。シャイン（E. H. Schein）は「組織心理学」という言葉の生みの親である。彼は組織と個人の相互作用と、個人の発達を促すことに価値をおいた理論を提唱した。

① ×　キャリア向上のための「はしご（ラダー）」を意味する。会社や組織で働く従業員が段階的にキャリアアップできるようにした、人事制度や能力開発のシステムを指す。

② ○　E. H. Schein は職務の遂行にあたって、個人がキャリア・職業におけるセルフイメージを持つことを発見し、それを「船の錨（アンカー）」を意味する「キャリア・アンカー」と名付けた。職業人にとってキャリア・アンカーを見つけ出すことが、錨のようにキャリアを安定させ、発達を促す手助けとなる。

③ ×　キャリアがある到達点まで行ったところで、停滞期に入ることをいう。とくに中年期のキャリアにおける危機として、この概念が取り上げられることが多くある。

④ ×　サビカス（M. L. Savickas）の提唱したキャリア構築理論における概念である。「適合（アダプタビリティ）」と訳される。現在および将来予想される職業発達課題に対する個人のレディネスおよび対処力を指す概念である。

⑤ ×　スーパー（D. E. Super）が提唱したキャリアモデルである。スーパーは、人は一生涯を通して各々の場所でそれぞれの役割を「虹」のように使い分けながら暮らしていると考え、それをライフキャリアレインボーとしてモデル化した。

正答　②

▶ 問 100　ナルコレプシー

ナルコレプシーについて、正しいものを 1 つ選べ。
① 入眠時に起こる幻覚が特徴である。
② 治療には中枢神経遮断薬が用いられる。
③ 脳脊髄液中のオレキシン濃度の上昇が特徴である。
④ 笑いや驚きによって誘発される睡眠麻痺が特徴である。
⑤ 耐え難い眠気による睡眠の持続は通常 2 時間から 3 時間である。

重要事項

ナルコレプシーは睡眠障害の一種である。十分に睡眠をとっているのにも関わらず、日中に場所や状況によらず眠気が出現する症状を中心に、睡眠麻痺、情動脱力発作（カタプレキシー)、入眠時幻覚などの症状が出現する。

① ○　ナルコレプシー患者の多くに入眠時幻覚がみられる。一方で入眠時幻覚は必ずしもナルコレプシーに特異的な症状ではない。
② ×　治療には、メチルフェニデート、モダフィニルといった中枢神経刺激薬が対症的に使用される。反対に、中枢神経を抑制する代表的な薬剤はアルコールである。
③ ×　ナルコレプシーでは、髄液中のオレキシン濃度は低下している。
④ ×　笑いや驚きなどの情動刺激によって、筋の脱力が起こることを情動脱力発作といい、ナルコレプシーに特徴的な症状である。典型的には「驚いたときに腰を抜かす」という表出がみられる。
⑤ ×　耐え難い眠気による睡眠の持続時間は 5 ～ 15 分程度であるが、しばらくするとまた出現することと、場面によらないことが特徴である。

正答　①

▶ 問 101

妊娠・出産とうつ病の関連について、適切なものを 1 つ選べ。

① 産後うつ病は産後 1 週間以内に発症しやすい。
② 産後うつ病は比較的軽症であり、自殺の原因となることは少ない。
③ 抗うつ薬を服用している女性が妊娠した場合、直ちに服薬を中止する。
④ エジンバラ産後うつ病質問票〈EPDS〉の得点が低いほどうつ病の可能性が高い。
⑤ 妊娠中のうつ病のスクリーニングにもエジンバラ産後うつ病質問票〈EPDS〉が用いられる。

重要事項

周産期には産後うつ病を始めとして精神疾患が好発する。自殺が母体死因の主因を占め、また、精神の変調は母親のみならず、子どもの精神的な発達、パートナーの精神状態にも影響を与える。そのため、周産期の母親の精神的なアセスメントおよびケアが重要である。

① × 産後うつ病は産後数か月以内に発症し、好発時期は産後 4 週以内である。特に出産直後の 1 週間以内に発症しやすいという報告はない。産後うつ病の有病率は一般的に 10 ～ 15%程度とされ、産後のみならず妊娠中からうつ病を発病することもしばしばみられる。

② × 産後うつ病が一般的なうつ病と比較して軽症であるという報告はない。東京 23 区において過去 10 年間で 63 名の妊産婦が自殺しており、その 4 割がうつ病を始めとした精神疾患によるものであったという報告がある。産後うつ病での自殺は珍しくなく、注意が必要である。

③ × 抗うつ薬を急激に中断すると、離脱症状や原病の悪化により、最悪の場合母体を死に至らしめることがある。ほとんどの抗うつ薬は、催奇形性の報告もなく妊娠中も安全に使用することが可能であるため、適正な用量を見極めながら慎重に薬物療法を継続することが重要である。

④ × エジンバラ産後うつ病質問票（EPDS）は 10 の質問からなり、5 分ほどで回答が可能であり、各種ガイドラインでも使用が推奨されている。具体的には、喜びや楽しみ、自責感、不安、恐怖感、不眠、悲哀、流涙、自傷の考えなどについてその有無と頻度を問う。得点が高いほどうつ病の可能性が高くなる。

⑤ ○ 産後うつ病の一部は、妊娠中に発症していたという報告があり、産後のみならず妊娠中のうつ病スクリーニングが重要視されている。EPDS は簡便かつ有用な検査であり、妊娠中のうつ病スクリーニングのためにも用いられている。

正答 ⑤

▶ 問 102

学校における医療機関との連携

学校での支援において医療機関との連携が必要な事例として、最も適切なものを 1 つ選べ。

① 小学 3 年生の男児。粗暴で級友とのトラブルが多い。父親からの虐待が疑われる。

② 小学 5 年生の男児。忘れ物が多く、気が散りやすい。順番を待てずに他児を蹴るなど、トラブルが多い。

③ 中学 1 年生の女子。しばしば腹痛を訴え、保健室を訪れる。級友からの無視や嫌がらせがある。

④ 中学 2 年生の女子。不登校。インターネットで知り合った成人男性との性的関係が疑われる。

⑤ 中学 3 年生の男子。授業中の居眠り。夜遅くまで、高校生の友人とゲームセンターで遊んでいる。

重要事項

学校での支援において医療機関との連携が必要であると思われる事例について問う問題である。学校で受ける相談の中には、医療機関に限らず、児童相談所、警察などと連携を取りながら支援に当たることが求められる場合がある。それぞれの機関がどのような支援を行う場所であるかという理解をしておく必要があるだろう。

① × 「父親からの虐待が疑われる」という表記があることから、児童相談所と連携を取ることを第一に考えなければならない。

② ○ 「忘れ物が多く」、「気が散りやすく」、「順番を持てず」、という表記から、この男児は ADHD 傾向があることが疑われる。本人の特性により他児への攻撃的な行動が出ていることから、衝動のコントロールを行うことが必要と考えられる。場合によっては投薬治療が必要となる可能性があるため、医療機関につなげるような関わりをしていくことが望ましい。

③ × 腹痛を訴えていることから、身体面でのケアは必要になるが、級友からの無視や嫌がらせによるストレスが腹痛の原因となっている可能性がある。本人が感じている気持ちを傾聴し、不安を取り除く関わりをしていくことが望ましい。

④ × 「インターネットで知り合った成人男性との性的関係が疑われる」ことについて、警察や児童相談所等の機関と連携を取り、必要な対策を検討する必要がある。

⑤ × 「夜遅くまで、高校生の友人とゲームセンターで遊んでいる」という行為は不良行為にあたる。警察や児童相談所等の機関と連携を取り、男子生徒への必要な対応を検討する必要がある。

正答　②

▶問 103

成年後見制度

成年後見制度について、正しいものを1つ選べ。

① 成年被後見人であっても選挙権は制限されない。
② 医療保護入院は補助人の同意によって行うことができる。
③ 成年後見人に選任される者は、弁護士又は司法書士に限られる。
④ 法定後見は簡易裁判所の審判により成年後見人等が選任される。
⑤ 保佐人は被保佐人が行った食料品の購入を取り消すことができる。

重要事項

成年後見制度とは、認知症、知的障害、精神障害等の理由から一人で判断をすることに困難さがある人に対して、成年後見人等が財産の管理や福祉サービス等の契約を行い本人の権利を守り生活を支援する制度のことである。成年後見制度には、家庭裁判所が成年後見人を選任する「法的後見」と、あらかじめ本人が任意後見人を選ぶ「任意後見」の2つの制度がある。法定後見には、本人の判断能力に応じて後見、保佐、補助の3つの類型がある。

① ○　成年被後見人の選挙権については、2013（平成25）年5月、成年被後見人の選挙権の回復のために公職選挙法等の一部を改正する法律が成立、公布されている。これにより、成年被後見人は選挙権、被選挙権を有するようになった。

② ×　医療保護入院とは、家族等の同意があれば本人の同意がなくとも入院をさせることができる制度のことである。ここでいう家族等は、後見人または保佐人のことを指し、補助人は含まれない。

③ ×　成年後見制度の中には、成年被後見人自身が任意後見人を選ぶ「任意後見」の制度が存在する。任意後見人は家族や親戚、友人等、被後見人が信用のおける人を選択することができる。

④ ×　成年後見人等を選任するのは簡易裁判所ではなく、家庭裁判所である。

⑤ ×　被保佐人は、お金を借りたり、不動産の売買を行ったりというような法律で定められた一定の行為を行う場合、保佐人の同意を得ることが必要となる。一方、食料品や衣料品の購入といった日常生活に関する行為については、保佐人の同意を得る必要はない。つまり、取り消しの対象とならない。

正答　①

労働者の心の健康の保持増進のための指針について、正しいものを 1 つ選べ。
① 事業者は、職場のメンタルヘルスケアを実施しなければならない。
② 事業者は、事業場以外で労働者の私的な生活に配慮しなければならない。
③ 個人情報保護の観点から、人事労務管理とは異なる部署でのケアが望ましい。
④ 労働者の心の健康問題についてケアを行う場合は、客観的な測定方法に基づかなければならない。
⑤ 事業者は、メンタルヘルスケアを実施するにあたり、事業場の現状とその問題点を明確にし、基本的な計画を策定する必要がある。

重要事項

職場における労働者の安全と健康の確保、快適な職場環境の形成を促進することを目的として、労働安全衛生法が制定されている。厚生労働省は労働安全衛生法第 70 条 2 の第 1 項の規定に基づいて、従業員の健康保持増進措置の適切かつ有効な実施を図るための指針として「労働者の心の健康の保持増進のための指針（メンタルヘルス指針)」を定め、職場におけるメンタルヘルス対策を推進している。

① ×　労働安全衛生法第 69 条には「事業者は、労働者に対する健康教育及び健康相談その他労働者の健康の保持増進を図るため必要な措置を継続的かつ計画的に講ずるよう努めなければならない」とあり、メンタルヘルスケアの実施は努力義務となっている。
② ×　事業者が事業場以外の労働者の私的な生活に配慮しなければならないという決まりはない。しかし、労働者の心の健康状態は、家庭や個人生活等、職場以外の要因からも影響を受けることを事業者は理解しておくことが求められる。
③ ×　人事労務管理とは、人事異動、福利厚生の管理、職場での安全衛生管理等を行う部署である。労働者の個人情報保護は大切だが、人事労務管理の介入なしに労働者のケアを行っていくことは難しいため、本選択肢は誤りである。
④ ×　本指針の中で述べられている「心の健康問題の特性」には、「心の健康については、客観的な測定方法が十分確立しておらず、その評価には労働者本人から心身の状況に関する情報を取得する必要があり、さらに、心の健康問題の発生過程には個人差が大きく、そのプロセスの把握が難しい。」との表記がある。
⑤ ○　正しい。事業場ごとに現状は異なるので、事業者はそこでの問題点を明確にし、基本的な計画を策定する必要がある。

正答　⑤

▶ 問 105　　学校現場におけるトラウマへのケア

小学 5 年生のある学級の校外学習において、児童が 1 名死亡し、複数の児童が怪我を負うという交通事故が起こった。事故後 4 日が経過した時点で、学級会で公認心理師が話をすることになった。

公認心理師の行動として、最も適切なものを 1 つ選べ。

① 全員から今の心境や思いを話してもらい傾聴する。
② 全員が強いトラウマを受けていることを前提として話をする。
③ 悲しみや怒りが一定期間続くことは自然なことであると伝える。
④ 全員がこの悲しい出来事に対処できる力を持っていると伝える。
⑤ 軽傷で済んだ児童に、生きていて本当に良かったと言葉をかける。

重要事項

学校現場におけるトラウマへのケアについて問う問題である。学校での子どものこころのケアについては、文部科学省のホームページに詳しく記載されているので、参照のこと。また、災害、犯罪等に巻き込まれた人々の心理的支援についてのマニュアルである「サイコロジカル・ファーストエイド」にも、トラウマや悲嘆へのケアについて詳しく書かれているので必読である。

① ×　事故のことを思い出すことにより、児童たちの抑うつ感や罪悪感が強くなる可能性があるので、全員に今の心境や思いを話してもらうよう積極的に働きかけることは避けるべきである。

② ×　ひとつの出来事に対してどのような受け止め方をするかは、個人の経験や特性によって大きく異なる。全員が強いトラウマを受けているという前提で話をすることは望ましくない。

③ ○　強くショックを受けた出来事に対して、悲しみや怒りなどの反応が一定期間続くことは自然なことである。先の見通しを伝えることは安心につながるため、望ましい対応といえる。

④ ×　悲しみや怒り等の感情に圧倒され苦しんでいる児童にとって、「全員がこの悲しい出来事に対処できる力を持っている」という言葉がけは、対処できない自分を否定的に捉えてしまう可能性があるため不適切である。

⑤ ×　軽傷で済んだ児童に対して生きていてよかったと声をかけることは、死亡した児童や大怪我をした児童への罪悪感を助長する可能性があるので避けるべきである。

正答　③

▶ 問 106

自殺の予防の観点から、自殺のリスクが最も低い因子を 1 つ選べ。
① 精神障害
② 自殺企図歴
③ 中年期の女性
④ 社会的支援の欠如
⑤ 自殺手段への容易なアクセス

重要事項

日本の自殺者数は 1998 年から 2011 年まで年間 3 万人を超えていたものが、2012 年以降は 3 万人を下回り、2018 年の自殺者は 2 万人であった。全体の数は減少傾向とはいえ、自殺は 20 代や 30 代の死因の一位であるなど、大きな問題であり続けている。
自殺のリスクとして過去の自殺企図、精神疾患、アルコールや薬物の乱用、絶望感、身体疾患、慢性疼痛、幼少期の虐待などの逆境体験、自殺の家族歴、自殺手段への容易なアクセスなどが知られている。なお希死念慮について面接で尋ねることが自殺リスクを高めるというデータはなく、むしろ率直に話すことで心理的に楽になると言われ、臨床家は必要な時には躊躇せず希死念慮を確認すべきである。
自殺対策については第 1 回の問 34 でも問われている。「自殺総合対策大綱（厚生労働省）」や「日常臨床における自殺予防の手引き（日本精神神経学会）」などが参考になる。

① ×　気分障害、統合失調症、アルコールや薬物の依存症、パーソナリティ障害など種々の精神疾患で自殺リスクが高い。
② ×　過去に自殺企図をしたことがある人は自殺のハイリスク群である。
③ ○　男女別では男性、年齢別では高齢で自殺率が高い。
④ ×　社会的支援の欠如は自殺のリスクである。自殺が起きるのは、自殺のリスク因子（生きることの阻害因子）が保護因子（生きることの促進因子）を上回ったときだと考えられる。自殺予防のため、自殺のリスク因子を減らすことと並行して、社会的支援を導入するなど自殺からの保護因子を増やす介入が求められる。
⑤ ×　容易なアクセスとは、例えば農薬を持っていること、処方薬を溜め込んでいること、銃火器を所持していることなどである。

正答　③

▶問 107

公認心理師の業務として、公認心理師法第 2 条に定められていないものを 1 つ選べ。

① 保健医療、福祉、教育等の関係者等との連携を保つ。
② 心の健康に関する知識の普及を図るための教育及び情報の提供を行う。
③ 心理に関する支援を要する者の心理状態を観察し、その結果を分析する。
④ 心理に関する支援を要する者の関係者に対し、その相談に応じ、助言、指導その他の援助を行う。
⑤ 心理に関する支援を要する者に対し、その心理に関する相談に応じ、助言、指導その他の援助を行う。

重要事項

公認心理師法第 2 条に関する問題である。公認心理師の定義として、公認心理師の名称を用いて、各分野において、心理学に関する専門的知識及び技術をもって行うべき業務を示している。

① ×　多職種との連携について述べられているのは、公認心理師法第 42 条である。第 42 条には、①保健医療、福祉、教育等の関係者等と連携を保つこと、②心理に関する支援を要する者に該当支援に係る主治の医師があるときには、その指示を受けること、が記載されている。

② ○　公認心理師法第 2 条 4 の内容である。公認心理師は、心の健康に関する教育や情報の提供を求められたら、それに応じなくてはならない。また、地域の公認心理師や関係分野の多職種とともにそのような活動を積極的に行うことが必要とされる。

③ ○　公認心理師法第 2 条 1 の内容である。いわゆる心理的アセスメントのことであるが、公認心理師は生物心理社会モデルやウェルビーイングの視点をもつことが大切である。

④ ○　公認心理師法第 2 条 3 の内容である。要心理支援者の心の健康を改善するためには、その環境要因である関係者の協力、要心理支援者への関係者の関わり方の変容及び要心理支援者の環境全体の改善が必要となる。そのため、公認心理師は心理的アセスメントを基にした要心理支援者の家族、知人などの関係者への援助が業務として明記されている。

⑤ ○　公認心理師法第 2 条 2 の内容である。公認心理師は、要心理支援者のありのままを尊重し、エンパワーすることにより、彼らが自己理解を深め、自己決定を促すよう支援をしていくことが求められる。また、要心理支援者の関係者や多職種との連携により、要心理支援者自身の心の健康が保持増進できるよう、支援をしていくことが必要となる。

正答　①

▶ 問 108

共同注意行動の例として、誤っているものを１つ選べ。
① 指さし（pointing）
② クーイング（cooing）
③ 参照視（referential looking）
④ 相手に物を手渡す行動（giving）
⑤ 相手に物を見せる行動（showing）

重要事項

共同注意とは、対象に対して他者と注意を共有することで、他者が見ている対象に自ら興味を向けたり（追跡的共同注意）、ある対象に対して他者に一緒に注意を向けてもらいたい場合に指差しをしたり、視線で促しをする行為（誘導的共同注意）のことをいう。共同注意は、対面する対象のみとやり取りを行う二項関係から、自分以外の他者が対象に対してどのように接しているかということに注意を向ける三項関係が成立することにより生じ、乳幼児の言語発達、社会的相互交渉のスキルに必要なコミュニケーションの基礎となる。これらの行動は、生後９か月目ごろから獲得されていくことが多く、M. Tomasello はこれを「９か月革命」と呼んでいる。

①○　共同注意行動のひとつである。
②×　クーイングとは、生後２～３か月を過ぎた頃から見られる、生理的に快の状態の時に発する「アーアー」や「ウーウー」というような母音の表出を指す。
③○　参照視とは、乳児がある対象に対する評価を大人の表情などを見ることで参考にする行為のことであり、共同注意行動のひとつである。
④○　共同注意行動のひとつである。
⑤○　共同注意行動のひとつである。

正答　②

▶ 問 109　　9つの気質尺度

A. Thomas と S. Chess らによって行われた「ニューヨーク縦断研究」で見出された9つの気質に含まれないものを1つ選べ。
① 外向性
② 順応性
③ 活動水準
④ 接近・回避
⑤ 気の散りやすさ

重要事項

ニューヨーク縦断研究とは、A. Thomas と S. Chess らによって行われた気質の個人差を見る研究であり、これにより9つの気質尺度が抽出された。9つの気質尺度とは、①活動水準、②周期性、③接近・回避、④順応性、⑤反応の強さ、⑥反応の閾値、⑦気分の質、⑧気の散りやすさ、⑨注意の幅と持続性である。

① ×　外向性とは、5つのパーソナリティ特性次元で人間の全体のパーソナリティを記述しようとするビッグ・ファイブ（5因子モデル）のひとつである。積極性や活動性、刺激希求性、社交性の程度を示す指標である。
② ○　順応性とは、新しい状況や環境、人間関係、物事に対して、どれくらいスムーズに適応できるかを示すものである。
③ ○　活動水準とは、活発に動いている時とそうではない時の比率、動作の激しさや動いている時間のことを示すものである。
④ ○　接近・回避とは、新規場面や新しい物に接した際、それに積極的に関わろうとするか、避けようとするかを示したものである。
⑤ ○　気の散りやすさとは、何かを行う際に、周囲の刺激により意識を妨げられやすいかどうかを示すものである。

正答　①

▶問 110

J. Belsky のモデルにおいて、親の養育行動に直接影響するものとして、不適切なものを 1 つ選べ。

① 学歴
② 仕事
③ 夫婦関係
④ 子どもの特徴
⑤ 社会的交友・支援関係

重要事項

J. Belsky（1984）は、親の養育行動が、①親の要因（親のパーソナリティ）、②子どもの要因（子どもの特徴）、③社会的要因（夫婦関係、社会的ネットワーク、親の仕事）の 3 要因によって規定されることを明らかにした。これらの要因は個別に作用するわけではなく、それぞれが相互に影響し合うとされる。

① ×　J. Belsky のモデルにおいて、学歴は親の養育行動に直接影響するものではないとされる。
② ○　仕事の状況は親の精神状態に影響を与えることが多く、それが親の養育行動に作用することがある。
③ ○　夫婦間で良好な関係を築けていると、父親、母親それぞれの精神的安定につながるだけではなく、子の養育を行う上で感じる不安を軽減させる役割を果たすこともある。
④ ○　子どもの気質等、子どもの特徴も親の養育行動に直接の影響を与える要因のひとつである。
⑤ ○　良好な交友関係・支援関係は、親自身のウェルビーイングを高め、養育行動に好ましい変化をもたらすことがある。

正答　①

▶問 111

I. D. Yalom らの集団療法の治療要因について、誤っているものを 1 つ選べ。
① 他者を援助することを通して、自己評価を高める。
② 他のメンバーを観察することを通して、新たな行動を学習する。
③ 集団との一体感を覚えることで、メンバー相互の援助能力を高める。
④ 現在と過去の経験についての強い感情を抑制することで、コントロール力を高める。
⑤ 他者も自分と同じような問題や悩みを持っていることを知り、自分だけが特異ではないことに気づく。

重要事項

I. D. Yalom は集団療法の治療要因となる 11 因子を療法的因子と名付けた。1. 希望をもたらすこと、2. 普遍性、3. 情報の伝達、4. 愛他主義、5. 初期家族関係の修正的な繰り返し、6. 社会適応技術の発達、7. 模倣行動、8. 対人学習、9. 凝集性、10. カタルシス、11. 実存的因子、からなる 11 因子には集団療法に特有のものも、個別心理療法と共通するものもある。これらは相互依存的に影響しあっており、集団療法のセラピストはメンバーがどのような治療体験をしているかを把握しながら集団療法のプロセスを進めていくことが求められる。

① ○　愛他主義を指している。集団療法の過程において、メンバーはお互いの問題を共有し支え合うとともに、互いに安心感や提案、洞察を提供し合う。これは集団療法特有の因子であり、このように他者を援助する体験が自己評価や自尊心の回復へと繋がる。

② ○　模倣行動を指している。集団療法において、メンバーは自分とは異なる性質をもつ他者の言動や態度を観察し取り入れることで新しい行動や自己表現などを獲得することが出来る。模倣する対象は他のメンバーだけでなくセラピストも含まれる。

③ ○　凝集性を指している。これまでの研究で凝集性が高いグループはよりよい治療的結果が得られることが指摘されている。凝集性は人に受容され理解される体験と他者を受け入れる体験をもたらし、メンバー相互の積極的な自己表現と探究的態度を促進する。

④ ×　療法的因子に当てはまらない記述である。療法的因子の 1 つにカタルシスがあり、強く深い感情体験が治療的であるとされていることからも、この選択肢は不適切である。

⑤ ○　普遍性を指している。自分の問題は普遍的で他のメンバーと分かち合えるものであると認識することはメンバーに強い安心感を体験させる。とりわけ、抱えている問題の秘密性が周囲からの孤立化の一因となっているメンバーたちによるグループにおいてこの普遍性は特に重要視される。

正答　④

▶ 問 112

心理療法の有効性の研究について、誤っているものを 1 つ選べ。
① 介入期間が定められる。
② 介入マニュアルが必要とされる。
③ 単一の理論に基づく心理療法が用いられる。
④ クライエントが抱える多様な問題に焦点を当てる。
⑤ クライエントは無作為に介入群と対照群に割り付けられる。

重要事項

心理療法の効果研究については、アメリカ心理学会が研究により有効性が示された心理療法のリスト「実証的に支持された治療（Empirically Supported Treatment: EST）」を作成した際に基準とした手続きが参考となる。その条件は、対象者は DSM 等の診断カテゴリーによってアセスメントされており無作為割付により介入群と対照群に分けられていること、十分な経験をもつ臨床家が介入の仕方が明示されたマニュアルに忠実に介入を行うこと、介入前後および途中経過の変化を複数の指標によって測定する流れであることなどである。

① ○　介入前と介入後の変化を測定するため、介入期間は明確に定められる必要がある。
② ○　介入群への介入が同質的なものとなるよう、事前に介入マニュアルが作成されることが望ましい。
③ ○　複数の理論に基づいた心理療法を用いた場合、どの理論が有効であったかが不明となってしまうため、研究の際には単一の理論に基づく心理療法が用いられる。
④ ×　研究の際には、対象となるクライエントの均質性を保つため、単一の問題に焦点を当てる必要がある。
⑤ ○　重要事項に記載した通り、介入群と対照群で偏りが生じないよう、対象となるクライエントは無作為に割り当てられる必要がある。

正答　④

▶問 113

更生保護の業務及び制度として、誤っているものを１つ選べ。

① 収容期間を満了して矯正施設を出所した人に対する緊急の保護制度
② 心神喪失等の状態で重大な他害行為を行った人に対する医療観察制度
③ 社会内処遇を円滑にするための地域社会の理解や協力を求める犯罪予防活動
④ 施設内処遇を受けている人を収容期間満了前に社会内処遇を受けさせる仮釈放制度
⑤ 緊急通報への迅速な対応ができるように地域的に定められた範囲を巡回監視する活動

重要事項

更生保護とは、非行少年や成人の犯罪者に対して、社会の中で更生していけるよう指導や支援を行うものである。具体的な業務としては、生活環境の調整、仮釈放と仮退院、保護観察、更生緊急保護、犯罪予防活動、医療観察制度などがあげられる。更生保護に関わる国の組織には法務省保護局に属する地方更生保護委員会と保護観察所があり、活動の実施は主として保護観察所に配置された国家公務員である保護観察官と、民間ボランティア（非常勤無給の国家公務員とされている）の保護司が協働して行う。日本の更生保護は民間の篤志家等によって発展してきたこともあり、現在も保護司会や更生保護施設、更生保護女性会、協力雇用主といった民間の更生保護ボランティアがその活動に大きく関わっている。

①○　更生緊急保護に関する内容である。刑事上の手続きもしくは保護処分による身体の拘束を解かれた人が親族や公共機関から十分な援助や保護が受けられない場合、緊急に食事や居室の影響、金品の給貸与、医療・療養の援助、就職の援助などの措置を与える。期間は原則として６か月とされている。

②○　重要事項に記載した通り、医療観察制度も更生保護の一環である。心神喪失等の状態で重大な他害行為を行った人を対象に、社会復帰を促進するための制度である。実施は各保護観察所に配置された社会復帰調整官が担当する。

③○　重要事項に記載した通り犯罪予防活動も更生保護の一環である。具体的な内容としては、講演会、非行相談、非行防止教室等がある。保護司会などの更生保護ボランティアが中心となり、各地域の関連機関・団体と連携して実施されている。

④○　重要事項に記載した通り、刑事施設等からの仮釈放と少年院や婦人補導院からの仮退院は更生保護の一環である。仮釈放は地方更生保護委員会によって決定され、仮釈放者は仮釈放の期間中は保護観察の対象となる。

⑤×　実際の通報に対する対応や地域の巡回監視は更生保護の業務には含まれない。

正答　⑤

▶ 問 114

採用面接において面接者が陥りやすい心理として、誤っているものを 1 つ選べ。
① 対比効果
② 寛大化傾向
③ ハロー効果
④ ステレオタイプ
⑤ ブーメラン効果

重要事項

採用面接などの評価場面において評定者が陥りやすい評価の誤りまたは偏り（評定バイアス）についての知識が問われる問題である。評定バイアスは評定者のパーソナリティや、評定者-被評定者間のパーソナリティの組み合わせなどの影響を受けると言われている。評定バイアスの発生は完全には避けられないが、それを補うような評定方法や評定者訓練が整備されることが求められている。評定バイアスには上記の他、中心化効果（尺度の中心部分に評価が集まる）、厳格化傾向（実態よりもより低く評定してしまう）などがある。

① ○　対比効果とは、異なる性質のものが並んで呈示された場合、それぞれの性質がその差異をより強調する方向に変化して知覚されるという知覚現象のことを言う。対比は感覚知覚のみならず対人認知においても生じるため、評定者自身や他の被評定者との差異によって実際以上に歪んだ評価を被評定者に下すことが起こりうる。

② ○　寛大効果とは、ある人物の評価の際、望ましい面は強調され望ましくない面は控えめに取り上げられることで、実際よりも甘く評価してしまう現象を指す。評定者の個人的な傾向として生じる場合もあるが、評定者と被評定者の関係性などによって生じることもある。評定者が陥りやすいバイアスの 1 つである。

③ ○　ハロー効果とは、ある人物のもつ顕著な特徴が、その人物の他の側面の評価にも影響を与えて評価を歪めてしまう現象である。例えば、ある事柄についてポジティヴな特徴があることで、他の側面についても不当に高く評価してしまう。評定者が陥りやすいバイアスの 1 つである。

④ ○　ステレオタイプとは、ある集団に属する人に対する、過度に単純化され、固定化されたイメージや概念を指す。客観的な情報や知識に基づいていないことも多く、ネガティヴなものは偏見や差別に繋がりやすい。評定者の評価にバイアスを生じさせる一因となる。

⑤ ×　ブーメラン効果とは、相手を説得しようとする際、その意図とは反対の方向の態度変化が相手に生じてしまう現象である。説得場面におけるコミュニケーションで起こりうる現象であるため、採用面接においては当てはまらない。

正答　⑤

▶ 問 115

糖尿病

糖尿病について、<u>誤っているもの</u>を１つ選べ。
① うつ病発症のリスクを高める。
② 認知症発症のリスクを高める。
③ 勃起不全発症のリスクを高める。
④ 肥満は１型糖尿病の発症リスクを高める。
⑤ 加齢は２型糖尿病の発症リスクを高める。

重要事項

糖尿病の健康への影響を問う設問である。糖尿病は、直接的に腎障害や網膜障害、神経障害を引き起こすのみならず、血管障害やインスリン抵抗性などがあらゆる疾病の発症因子となりうる。

① ○　糖尿病があると、うつ病を発症するリスクが高いことが知られている。糖尿病を発症し告知されることや、病院に通院すること、合併症が見つかること、インスリンの導入が開始されること、といったことが直接的な心因となり抑うつ状態になることはあり得るが、耐糖能異常などの生物学的な要因がうつ病の発症に関連している可能性も示唆されている。

② ○　糖尿病は、認知症発症のリスクになることが知られている。糖尿病は血管リスクを高めるため、脳血管性認知症を発症しやすい。さらに、インスリン抵抗性やメタボリック症候群がアルツハイマー型認知症のリスクになることも近年示唆されている。

③ ○　勃起は仙髄の勃起中枢から骨盤神経により陰茎海綿体の血管平滑筋が弛緩し、陰茎の血流が増加することで起こるが、糖尿病により神経障害や血管障害が出現するため、勃起不全が糖尿病患者では起こりやすい。

④ ×　１型糖尿病は自己免疫疾患である。自身の膵β細胞をリンパ球が攻撃することにより、インスリン分泌がβ細胞から行われなくなり、糖尿病を発症する。肥満がリスクとなるのは２型糖尿病である。

⑤ ○　加齢に伴いインスリン分泌が低下し、インスリン抵抗性も増加する。このため加齢は２型糖尿病のリスクとなる。

正答　④

▶問 116

ベンゾジアゼピン受容体作動薬の副作用として、誤っているものを1つ選べ。
① 依存
② 健忘
③ せん妄
④ ふらつき
⑤ ジストニア

重要事項

ベンゾジアゼピン受容体作動薬は、脳内の $GABA_A$ 受容体に存在するベンゾジアゼピン受容体に作用する薬剤の総称であり、作用する部位によって、抗不安作用、筋弛緩作用、抗けいれん作用、催眠作用などを有しており、抗不安薬や睡眠薬、ときに抗てんかん薬として用いられている。効果が発現するまでの期間が短く、手軽に使いやすいため、精神科医や心療内科医のみならず、内科医や外科医なども処方することが多い薬剤である。一方で、依存を中心とした副作用も多く、漫然とした使用は避けなければならない。具体的な副作用として、依存、持ち越し効果による翌日の眠気や集中困難、筋弛緩作用によるふらつきや転倒、健忘や脱抑制、せん妄、奇異反応などがある。

① ○　依存には、身体的依存と精神的依存があるが、ベンゾジアゼピン受容体作動薬の依存は、中止時の離脱症状と耐性形成という身体的依存が中心となる。漫然とした長期間・高用量の投与後の突然の中止で、振戦、不安、知覚障害、そわそわ感、精神病症状、けいれんなどの離脱症状が出現する。また、長期間の服用で、同じ用量でも効果が得られにくくなる耐性形成も見られる。

② ○　ベンゾジアゼピン受容体作動薬では、薬剤内服後の記憶が想起できなくなるという前向性健忘が認められることがある。

③ ○　せん妄は意識障害の一種であり、ベンゾジアゼピン受容体作動薬によって惹起されうる。ベンゾジアゼピン受容体作動薬は、それのみでせん妄を惹起しうる「直接因子」である。高齢者は特にせん妄に注意が必要である。

④ ○　ベンゾジアゼピン受容体作動薬による筋弛緩作用により、ふらつきが出現する。筋力が低下した患者では骨折など重大な事象につながる可能性がある。重症筋無力症患者などにはベンゾジアゼピン受容体作動薬は禁忌である。

⑤ ×　ジストニアは、筋緊張の異常で、無意識に筋肉がこわばってしまう不随意運動の一種であるが、ベンゾジアゼピン受容体作動薬はジストニアに治療的に働く。

正答　⑤

▶問 117　　生活困窮者自立支援制度

生活困窮者自立支援制度に含まれないものを1つ選べ。
① 医療費支援
② 家計相談支援
③ 就労準備支援
④ 子どもの学習支援
⑤ 住居確保給付金の支給

重要事項

生活困窮者自立支援制度は、生活に困窮し最低限の生活を維持できなくなる恐れのある人に対する自立支援策の強化を図ることを目的に2013（平成25）年に制定された。対象者は主として生活保護に至る恐れのある人や生活保護から脱却する段階にある人である。就労等の自立に関する包括的な相談支援や支援計画の作成を行う自立支援事業が必須事業とされており、その他に各相談者の状況に応じた任意の支援事業（住宅確保給付金の支給、就労準備支援、家計相談支援事業、子どもの学習支援など）がある。各都道府県や市町村に相談窓口が設置されている。

① ×　医療費支援は生活困窮者自立支援制度には含まれない。生活困窮者が利用できる医療費支援としては無料低額診療事業がある。これは生計困難者に無料または低額での診療を有期で行うものであるが、実施している病院、診療所は限られている。

② ○　家計相談支援では、相談者が家計を管理し生活を再生できるよう、家計状況を把握するとともに支援計画を作成して相談を進める。また関連機関の紹介、貸付の斡旋等も行う。

③ ○　就労準備支援では、就労が困難な人を対象に、一般就労に向けた訓練を行う。期間は6か月～1年の間で、日常生活や社会生活の自立を目指す段階から就労に向けた支援、就労機会の提供までをプログラムにそって行う。

④ ○　子どもの学習支援では、生活困窮世帯の子どもを対象にした学習支援である。子どもへの学習支援だけでなく、進学に対する助言や支援、生活習慣の獲得、居場所づくり、保護者への助言や支援なども行われる。

⑤ ○　住居確保給付金の支給は、離職により住居を失った人や失うおそれのある人を対象にした支援である。就職活動を行うことなどを条件として、家賃相当額を有期で給付する。

正答　①

▶問 118

教育委員会が行う児童生徒に対する出席停止措置について、誤っているものを1つ選べ。

① 出席停止は児童生徒本人に対して命じられる。
② 出席停止を命ずる前に、保護者の意見を聴取する。
③ 出席停止の理由及び期間を記載した文書を保護者に交付する。
④ 出席停止は、公立の小学校、中学校及び義務教育学校に限られている。
⑤ 出席停止は学校の秩序を守り、他の児童生徒の学習権を保障するために行う。

重要事項

出席停止措置とは、問題行動を繰り返すことによって他の児童生徒の教育の妨げとなる児童生徒に対して出席停止を命じることであり、学校教育法三十五条によって定められている。出席停止を適用する要件には、「性行不良」であること、「他の児童生徒の教育の妨げがある」の２つがある。「性行不良」の例としては、「他の児童生徒に傷害、心身の苦痛又は財産上の損失を与える行為」「職員に傷害又は心身の苦痛を与える行為」「施設又は設備を損壊する行為」「授業その他の教育活動の実施を妨げる行為」のうち１つか２つを繰り返すことがあげられている。また、出席停止の際には、必要に応じて警察や児童相談所など関係諸機関との連携を行うことが適当である。

① ×　児童の出席停止はその保護者に命じられるため、この記載は誤りである。出席停止を命じる際は、市町村教育委員会の関係者または校長や教頭が立ち合いのもと、出席停止の趣旨や今後の指導方針について保護者および児童に説明することが望ましいとされている。

② ○　教育委員会が出席停止を命じる際には、事前に保護者の意見を聴取することが学校教育法によって定められている。意見聴取は保護者と直接会って行う。意見聴取は保護者の弁明を聴くためのものであるが、出席停止期間中は保護者が児童を監督することになっているため、保護者の理解と協力が得られるよう指導方針等の説明も併せて行われることが望ましい。

③ ○　教育委員会が出席停止を命じる場合には、出席停止の理由及び期間を記載した文書を交付することが学校教育法によって定められている。文書は手渡しでも郵送でも可能だが、出席停止命令を口頭伝達のみで行うことは認められていない。

④ ○　教育委員会による児童への出席停止措置は、公立の小学校、中学校及び義務教育学校に限られている。

⑤ ○　出席停止措置は児童に対する懲戒ではなく、学校の秩序の維持と、他の児童生徒の安全と義務教育を受ける権利を保障するために設けられている。また、出席停止を命じられた児童に対しても出席停止期間中の学習支援などの措置を講じる必要があるとされている。

正答　①

▶問 119

ストレス反応について、誤っているものを 1 つ選べ。
① 身体的ストレス反応は、中枢神経系に引き続き内分泌系に現れる。
② 身体的ストレス反応には、交感神経系と副交感神経系の両方が関わる。
③ 心身症とは、発症や経過に身体的ストレス反応が関わる身体疾患である。
④ ストレッサーの種類によって、心身に生じるストレス反応の内容も決まる。
⑤ 心理的ストレス反応には、抑うつ、不安、怒りなどのネガティブな感情が含まれる。

重要事項

さまざまなストレスを感じるような出来事（ストレッサー）を自身のなかで対処できないときに、ストレス反応が生じる。ストレス反応は、心理面、行動面、身体面に分けられる。

①○　身体的ストレス反応は、まずストレスを感じるという過程が大脳（中枢神経）でなされ、その後 HPA axis という内分泌系を経てコルチゾールが分泌される。
②○　身体的ストレス反応では、自律神経を介してあらゆる身体的な症状が出現するが、交感神経と副交感神経のどちらも関与する。
③○　心身症は、発生と経過に心理的ストレスが関係している身体面の疾患をいい、過敏性腸症候群や気管支喘息、本態性高血圧などがあげられる。
④×　ストレッサーの種類と、心身に生じる反応は対応していない。
⑤○　心理的ストレス反応では、あらゆる種類の情緒的な感情が出現する。

正答　④

HPA axis：ストレス反応やその他多くの生体活動を司る内分泌系である。視床下部から副腎皮質刺激ホルモン放出ホルモン（CRH）が分泌されると、CRH は下垂体門脈を通って下垂体前葉に到達し、副腎皮質刺激ホルモン（ACTH）の分泌を促進させる。ACTH は副腎皮質に作用し、コルチゾールなどの副腎皮質ホルモンの放出を促進する。なんらかの理由により、このいずれかのホルモンが過剰になったり欠乏したりすると、そのホルモン分泌を促進する上流のホルモンの分泌量が調整される。これをネガティブ・フィードバックという。

▶問 120

公認心理師がクライエントに対して心理的支援を続行できないときの対応として、最も適切なものを１つ選べ。

① 急病のため、クライエントへの面接の代行を同僚に依頼した。
② 画一的な対応を避けるため、不在時の対応マニュアルの作成への協力を控えた。
③ 産前・産後休業を取るにあたって、クライエントと今後の関わりについて相談した。
④ 職場の異動に伴い担当者が交代したことを新しい担当者がクライエントに説明した。

重要事項

心理支援担当者の不在はクライエントを傷つける恐れがあるため丁寧な対応が必要である。対応によっては公認心理師としての信頼を損ないかねず、職業倫理上の問題ともなりうる。不在が事前に判明している場合には担当者が早い段階でクライエントに説明し、今後について話し合う必要がある。予測できない突然の不在については、あらかじめ対応方法を明確にしておき、事前にクライエントにも伝えておくことが望ましい。

① ×　継続的な心理支援はクライエントと担当者間の信頼や関係性によって成り立っているため、同じ公認心理師であるからといって同僚が面接を一時的に代行できるものではない。同僚に依頼できるのは担当者不在についての連絡や説明の範囲に限られる。
② ×　担当者の不在についての対応はあらかじめマニュアルとして作成し、その内容や希望する対応方法についてクライエントと話し合っておくことが望ましい。組織が不在時の対応マニュアル作成への協力を依頼してきた際には職務上の責任として協力する必要がある。
③ ○　産前・産後休業は事前に時期や期間がある程度判明しているため、担当者がクライエントに説明をし、これまでの心理支援の振り返りや今後の関わりについて十分に話し合うことが必要である。
④ ×　職場の異動も事前に時期が判明している場合がほとんどであるため、異動が分かり次第、担当者が直接クライエントに説明をし、十分にその交代について話し合う必要がある。

正答　③

▶問 121　　スーパービジョン

公認心理師に求められるスーパービジョンについて、最も適切なものを 1 つ選べ。

① スーパーバイザーとスーパーバイジーの関係は対等である。
② スーパーバイザーはスーパーバイジーへの心理療法を行うべきではない。
③ スーパーバイザーはスーパーバイジーが行う心理的支援の実践上の責任を負う。
④ スーパービジョンとはスーパーバイザーとスーパーバイジーが 1 対 1 で行うものをいう。

重要事項

公認心理師には知識および技能の向上に努める責務が定められている（公認心理師法第 43 条）。知識と技能向上のための生涯学習は、自身の能力について内省し適宜、活動を修正していく内省的実践によって促進されるが、その代表的なものの 1 つにスーパービジョンがある。スーパービジョンは、スーパーバイザーがスーパーバイジーの心理的支援について指導助言を行うものである。スーパービジョンは専門的知識や臨床スキルの学習というだけではなく、スーパーバイザーがスーパーバイジーに対してどのように関係性を構築し、どのように介入するのかを体験学習していくといった側面もあわせもつ。

① ×　スーパービジョンは経験の豊富なスーパーバイザーがより経験の浅いスーパーバイジーに指導助言をするという教育的側面がある。2 人の能力や立場が同じ水準ではないという点において対等ではないと言える。
② ○　スーパーバイザーがスーパーバイジーに心理療法を行うことは、指導関係にある 2 人が同時に治療関係にも入ることを意味する。これは多重関係に当たり、職業倫理に抵触する。よってこの記載は適切である。
③ ×　原則としてスーパーバイジーの心理的支援の責任はその実践者であるスーパーバイジー本人にある。
④ ×　スーパービジョンは 1 対 1 で行うものだけではなく、複数のスーパーバイザーもしくはスーパーバイジーによって集団で行うグループ・スーパービジョンや、仲間同士で支持的に行うピア・スーパービジョンもある。

正答　②

▶ 問 122

準実験的研究法の特徴として、最も適切なものを 1 つ選べ。
① 予備実験に用いられることが多い。
② 実験的研究に比べて、内的妥当性が高い。
③ 実験的研究に比べて、倫理基準が緩やかである。
④ 参加者を無作為に割り付けることができないときに実施が検討される。

重要事項

本来、実験的研究においては参加者を無作為割付により介入群と統制群に分けることが望ましいが、倫理的な理由や現実的な制約によって実験対象を無作為に割付すること自体が不可能なことも多い。そのように理想的な実験をすることが難しい場合に用いられるのが準実験的研究法である。準実験的研究法では可能な限り条件を均等にして内的妥当性を保持できるよう様々な工夫がなされる。代表的なものとしては、対象となる集団を介入群と統制群に分けて介入し、介入前後に測定を行い効果を判定する不等価二群事前事後テストデザインや、統制群をつくることが難しい場合に介入群に対して介入前後でそれぞれ複数回測定を行い効果を判定する中断時系列デザインなどがある。

① ×　予備実験とは本実験の前に本実験に準じた手続きで行う予備的な実験である。予備実験によって手続きや仮説における問題点を抽出することが可能となる。重要事項の記載の通り準実験的研究法は予備実験のための研究法ではないため、この記述は不適切である。
② ×　内的妥当性とは従属変数の変化が剰余変数ではなく独立変数の効果であるとすることのできる度合いである。準実験的研究法は、実験参加者を無作為割付できず独立変数の操作や剰余変数の統制が困難であるため、実験的研究法と比べると内的妥当性は低い。
③ ×　準実験的研究法は倫理的理由によって制約がある場合に用いられることはあっても、倫理基準が実験的研究法よりも緩やかであるということはない。すべての研究において倫理基準は等しく守られるべきであるという観点からもこの記述は不適切である。
④ ○　重要事項にある通り、実験参加者を無作為に割り付けられない場合に用いられる研究法である。

正答　④

▶ 問 123　　集団テスト

知能検査を含む集団式の能力テストについて、適切なものを 1 つ選べ。
① 個別で実施することはできない。
② 第二次世界大戦を機に兵士の選抜のために開発された。
③ 学校での成績の予測妥当性は相関係数にして 0.60 を超える。
④ 学習障害や発達の遅れのスクリーニングとして使うことができる。

重要事項

集団式のテストは集団に対して一度に実施可能なテストである。多肢選択式の問いにより構成され採点は機械で行われるものがほとんどで、短時間かつ簡便に多くのデータを得ることが可能である。個人の特徴の詳細を分析することは出来ないが、大まかな特徴を把握することができる。知能やパーソナリティを測定するものがあり、日本の集団式知能検査としては田中式集団知能検査、京大 NX 知能検査、東大 A-S 知能検査などがある。

① ×　集団に対して実施可能なテストは個別実施が可能である。
② ×　最初の集団知能検査はオーティス（A. S. Otis）によって作成され、その後、本格的な集団式の能力テストがヤーキーズ（R. M. Yerkes）により開発された。ヤーキーズによる集団式能力検査は陸軍アルファ・ベータ・テストといい、第一次世界大戦時にアメリカ陸軍の兵士選抜のために開発された集団式知能検査である。
③ ×　集団式の知能検査と学業成績の相関は、対象者の年齢や比較する教科、使用する検査によって相関係数は異なり、一律に 0.60 を超えるとは言えない。
④ ○　集団式能力検査は、個人の成績が尺度上に位置づけられるため、個人の能力の特徴や集団平均からの差異を大まかに把握することが出来る。そのため、個人の知能発達の程度のスクリーニングとして用いることが可能である。

正答　④

▶問 124

ギャンブル等依存症について、正しいものを 1 つ選べ。
① 本人の意思が弱いために生じる。
② パーソナリティ障害との併存はまれである。
③ 自助グループに参加することの効果は乏しい。
④ 虐待、自殺、犯罪などの問題と密接に関連している。

重要事項

日本では 2016 年にカジノを含む統合型リゾート（IR）推進法が成立し、IR の実施に向けた議論や法整備が進んでいる。その中で 2018 年にギャンブル等依存症対策基本法（ギャンブル基本法）が成立し、ギャンブル障害（病的賭博）への関心が近年高まっている。また嗜癖や依存症は第一回の問 48、問 94 でも問われており、頻出の分野である。
ギャンブル障害とは、ギャンブルによって不利益が生じて、自分でもやめなければならないと考えるにもかかわらず、ギャンブルをしたいという渇望が生じて、自分の行動を自分でコントロールできずにギャンブルを繰り返してしまう状態である。しばしば借金や家族トラブル、社会的な立場の喪失を招く。治療としては認知行動療法などの精神療法・心理療法と、集団療法がある。

① ×　行動嗜癖や物質依存は自身のコントロールを喪失する病である。当事者はその行動をやめたいと思っても、意思では行動を制御できなくなっている。本人の意思の弱さを責める介入は本人の自信をさらに挫くことになり、治療的ではない。
② ×　パーソナリティ障害の併存は多い。ほかに併存する精神疾患としてアルコールや薬物などの物質依存、気分障害、不安障害が多い。
③ ×　医療機関での治療と並行して、自助グループへの参加も回復の一助になる。自助グループとは同じ疾患を持った当事者や家族が互いに励まし合って回復を目指すもので、代表的なものは 1930 年代にアルコール依存症の当事者がアメリカで設立した Alcoholics Anonymous（AA）である。様々な依存症、嗜癖の自助グループがあり、ギャンブル等依存症の場合は Gamblers Anonymous（GA）がある。
④ ○　ギャンブル基本法では「ギャンブル等依存症が、多重債務、貧困、虐待、自殺、犯罪等の問題に密接に関連する」と明記され、これらの問題に関する施策との連携が求められている。

正答　④

依存症や嗜癖の薬物治療：アルコール以外の依存症や嗜癖に対して有効性が確立された薬物療法は現時点ではない。アルコール依存症に対する薬物療法には、アルコールの代謝酵素を阻害して飲酒後に「悪酔い」するようにする嫌酒薬のジスルフィラムとシアナミド、渇酒欲求を抑えるアカンプロサートがある。とはいえ薬物療法だけで解決するものではなく、通院・薬物治療・自助グループが治療の三本柱とされている。

▶ 問 125　心理的アセスメントの他職種への報告

病院において、公認心理師が医師から心理検査を含むアセスメントを依頼された場合、その結果を報告する際の留意点として、<u>不適切なもの</u>を 1 つ選べ。
① 依頼された際の目的に応えられるように、情報を整理し報告する。
② 心理的側面のみでなく、生物学的側面や社会環境も統合して報告する。
③ クライエントの処遇や治療方針を決めるための参考になるよう配慮する。
④ 心理検査の結果を他の情報と照合することはせず、心理検査からの客観的報告にとどめる。

重要事項

病院における心理的アセスメントの報告に関する問題である。他職種連携・地域連携は公認心理師法第 42 条第 2 項に定められており、適切な連携を行うために、心理的アセスメントの結果を共有することが重要とされている。主治医の治療方針が公認心理師の業務にも反映され、また他職種においてもそれぞれの分野の支援がクライエントのためになることが期待される。

①○　依頼された目的に応えられるよう、ポイントを押さえ本質をとらえた報告を行うべきである。心理職以外の他職種が、心理的アセスメントの結果を参照する可能性も考え、専門用語の多用は控え、共通性のあるわかりやすい報告を心掛ける。そのためには情報を整理して報告をする必要がある

②○　公認心理師の心理的アセスメントにおいては、生物心理社会モデル（biopsychosocial model）のように、多元的な視点から情報を収集し、理解する姿勢が求められる。心理検査等の結果とその他の情報を総合的に分析し、受検者が自己理解を深める一助となるような報告や、治療者側の理解を深められるような報告をする必要がある。

③○　治療方針を判断する主治医のニーズを的確に捉え、参考になるような情報を提供する必要がある。公認心理師自身の興味関心に偏らないよう留意し、クライエントの処遇や治療方針を決める際に有益と見られるアセスメント方法を実施する必要がある。検査の結果だけでなく、検査時の様子等からも心理的アセスメントを行い、クライエントを支援するチームや関係機関等に提供することは、専門職としての信頼・評価を得るための重要なスキルである。

④×　心理検査のデータのみならず、検査前の聞き取りや事前に入手した情報から分かるクライエントの生活や、検査時の様子等もアセスメントの対象とし、クライエントにとって価値ある情報を得られるよう努める必要がある。

正答　④

クライエントに関する情報提供が秘密保持義務よりも優先される状況について、適切なものを2つ選べ。
① クライエントが虐待されていることが疑われる場合
② クライエントに直接関係ない専門家の研修会で事例として取り上げる場合
③ 成人のクライエントについて、一親等の家族から情報開示の請求がある場合
④ クライエントとの面接で、誹謗中傷される相手が特定できる可能性がある場合
⑤ クライエントが自分自身の精神状態や心理的な問題に関連して訴訟を起こし、その裁判所から要請がある場合

重要事項

公認心理師法第 41 条には「公認心理師は、正当な理由なく、その業務に関して知り得た人の秘密を漏らしてはならない」と、秘密保持義務が規定されている。正当な理由の中には、裁判、司法手続き、法手続きに基づく理由や、人命に関わる事態等が想定されている。秘密保持義務の例外状況としては、明確で差し迫って生命の危険があり、攻撃される相手が特定されている場合、自殺など自分自身に対して深刻な危害を与える恐れがある事態、虐待が疑われる場合、直接関わっている専門家同士で話し合う場合、法による定めがある場合、医療保険による支払いが行われる場合、クライエントが自分自身の健康状態や心理的な問題に関連する訴えを裁判などによって提起した場合、クライエントによる明示的な意思表示がある場合、等がある。

①○　虐待が疑われる場合は、秘密保持義務の例外状況とされている。
②×　クライエントに直接関わっている専門家同士ではない場合、事例発表は正当な理由に含まれないため、秘密保持義務を保つ必要がある。
③×　クライエント本人による明示的な意思表示がない場合は、秘密保持義務が優先される。
④×　誹謗中傷は人命に関わる事態とは言い難いため、秘密保持義務を優先する必要がある。
⑤○　クライエントが精神状態や心理的な問題に関連した訴訟を起こし裁判所からの要請がある場合、秘密保持義務より優先する正当な理由に含まれる。

正答　①⑤

秘密保持義務：公認心理師に求められる秘密保持義務には公認心理師法第 32 条において登録の取り消しなどの罰則規定がされており、また秘密保持義務に関しては「公認心理師でなくなった後も、同様とする」とされており、注意が必要である。

▶問 127

対人魅力について、適切なものを2つ選べ。
① 相手からの評価や好意が対人魅力に影響を与える。
② 相手との物理的距離が大きいほど対人魅力につながる。
③ 容貌などの身体的特徴は対人魅力に影響を与えることはない。
④ 相互作用を伴わない単なる接触の繰り返しが対人魅力につながる。
⑤ 性格が自分と類似した相手より相違点が多い相手に対人魅力を感じやすい。

重要事項

他者に対して魅力や興味を持つことを対人魅力と言う。対人魅力は、感情、認知、行動の三つの要素から構成されると言われている。対人魅力に影響を与える要因としては、近接性、返報性、単純接触、身体的特徴（外見性）、類似性等がある。他にも、その時の心理状態等が影響するとも言われている。

①○　評価や好意の返報性が対人魅力に影響を及ぼすと言われている。自分のことを高く評価していたり、自分に好意を抱いている他者に対しては、魅力を感じやすいと言われている。

②×　近接性は対人魅力に影響を与える要因であり、互いの物理的距離が近い（少ない）ことが対人魅力を高めると言われている。

③×　容貌を含む身体的特徴は、対人魅力に影響を与えると言われている。

④○　相互作用を伴わない場合でも、単純接触が多ければ対人魅力を高めると言われている。

⑤×　相手と自分との類似点が多いことが、対人魅力を高めると言われている。

正答　①④

▶ 問 128

J. Piaget の発達段階説について、正しいものを 2 つ選べ。
① 発達段階は個人によってその出現の順序が入れ替わる。
② 感覚運動期の終わり頃に、延滞模倣が生じる。
③ 前操作期に入ると、対象の永続性に関する理解が進む。
④ 形式的操作期に入ると、仮説による論理的操作ができるようになる。
⑤ 具体的操作期に入ると、イメージや表象を用いて考えたり行動したりできるようになる。

重要事項

子どもの認知や思考が 4 つの段階を経て発達していくとしたのが、J. Piaget の認知発達段階説である。J. Piaget は認知や思考の枠組みのことを「シェマ」とし、シェマの獲得・同化・調整を繰り返すことで認知機能が発達していくと考えた。「感覚運動期（0 歳～ 2 歳）」では対象物の永続性の理解や表象機能の獲得がなされるとされている。「前操作期（2 歳～ 6、7 歳）」には象徴機能が発達し『ごっこ遊び』などの行動に現れるようになり、中心化（自己中心性）を特徴とする時期である。「具体的操作期（7 歳～ 11、12 歳）」になると論理的思考ができるようになり、脱中心化や保存性、可逆性について理解するようになるとされている。「形式的操作期（12 歳～）」は抽象的思考や仮説的思考が成立するようになる時期である。

① ×　J. Piaget は発達の速さには個人差があるものの、発達段階の順序は普遍的なものであるとしている。
② ○　延滞模倣とは、一度経験した物事を頭の中に入れておき、目の前に手本がなくてもそれを再現することができることである。
③ ×　対象の永続性の理解は感覚運動期に進むと言われている。前操作期には象徴機能が発達する。
④ ○　形式的操作期には、仮説を取り上げて推論し真偽を検証する形式的操作が可能になり、仮説的思考が成立する。
⑤ ×　表象機能を獲得するのは感覚運動期と言われており、目の前にないものを思い浮かべることができるようになる。

正答　②④

▶ 問 129　　PECS（絵カード交換式コミュニケーションシステム）

PECS の説明として、正しいものを 2 つ選べ。
① 質問への応答から指導を始める。
② 応用行動分析の理論に基づいている。
③ 身振りを意思伝達の手段として用いる。
④ 補助代替コミュニケーションの一種である。
⑤ 自閉スペクトラム症／自閉症スペクトラム障害〈ASD〉ではない子どもに、より効果的である。

重要事項

PECS（Picture Exchange Communication System）は絵カード交換式コミュニケーションシステムのことで、B. F. Skinner の著書『Verbal Behavior（言語行動）』と応用行動分析の概念をベースに作られたものである。機能的なコミュニケーションを教えることを目的としている。

① ×　対象者が、一枚の絵カードをコミュニケーションパートナーに渡すことから始まる。
② ○　B. F. Skinner の著書『Verbal Behavior（言語行動）』と応用行動分析の概念をベースに作られたものである。
③ ×　意思伝達には、絵カードやコミュニケーションブックを用いる。フェーズが進むにつれて、言葉での質問等でも意思伝達を行うようになる。
④ ○　絵カードを使用して、コミュニケーションを補助するツールである。
⑤ ×　1985 年にアメリカで A. Bondy と L. A. Frost によって考案され、自閉症の未就学児に実践したことが始まりだが、以降は年齢や障碍を問わず、認知面、身体面、コミュニケーション面の困難を持つ人々にとって効果的とされ、実践されている方法である。

正答　②④

PECS のフェーズ：PECS は 6 つのフェーズ（段階）から成り立っている。対象者が一枚の絵カードを " コミュニケーションパートナー " に渡すところから始まり、絵カードを渡されたコミュニケーションパートナーは絵カードによって要求されたことを受け取り、対象者の要求を実現する。次に他の場面へ般化、絵カードの弁別、文カードを用いた文構成、そしてその拡張、さらに上のフェーズでは、対象者は修飾語を使ったり、質問に答えたり、コメントしたりすることを学ぶ。

▶ 問 130

田中ビネー知能検査Ⅴの実施と解釈について、正しいものを2つ選べ。

① 2 歳から 18 歳 11 か月まで適用が可能である。
② 生活年齢〈CA〉より 1 歳低い年齢級の課題から検査を始める。
③ 13 歳以下では、精神年齢〈MA〉から知能指数〈IQ〉を算出する。
④ 各年齢級の問題で 1 つでも合格できない問題があれば、下の年齢級に下がる。
⑤ 14 歳以上では「言語理解」、「作動記憶」、「知覚統合」及び「処理速度」の 4 分野について、偏差知能指数〈DIQ〉を算出する。

重要事項

田中ビネー知能検査Ⅴの実施や解釈について、手順や知識を問う問題である。
ビネー法は 1905 年にフランスにおいて A. Binet が創始した知能検査である。日本で田中寛一が 1937 年版のスタンフォード改定案を基にして「田中びねー式智能検査法」を作成し、その後何度かの改訂を経て、現在では「2003 年版田中ビネー知能検査Ⅴ」が一般的に使用されている。田中ビネー知能検査Ⅴでは、1987 年版の問題構成をほぼ踏襲しながらも、現代の子どもの発達に適した尺度を目指し、問題の入れ替えや合格基準の入れ替えが行われた。

① ×　適用年齢は 2 歳から成人までである。田中ビネー知能検査Ⅴは時代のニーズに即した子ども用の知能検査ではあるが、成人にも施行できる。
② ×　生活年齢と等しい年齢級から開始する手順である。
③ ○　精神年齢〈MA〉を知ることが幼い子どもたちの発達援助の手がかりになるという考えから、2 ～ 13 歳までは精神年齢を算出する構成となっている。
④ ○　基本原則として、1 つでも合格できない問題があったら下の年齢級へ下がって、全問題を合格する（不合格が 1 つもない）年齢級まで行う手順である。
⑤ ×　成人級においては「結晶性領域」、「流動性領域」、「記憶領域」、「論理推理領域」の 4 領域について、領域ごとの評価点や領域別偏差知能指数〈DIQ〉、総合偏差知能指数〈DIQ〉を算出する。なお、問にある「言語理解」、「作動記憶」、「知覚統合」、「処理速度」は WAIS-Ⅲにおける群指数のことである。

正答　③④

▶ 問 131

二次予防の取組として、適切なものを2つ選べ。
① がん検診
② 健康教育
③ 作業療法
④ 予防接種
⑤ 人間ドック

重要事項

予防医学では、予防は一次予防、二次予防、三次予防の3段階に分けて考えられる。一次予防は、健康を増進して発病を予防するものである。二次予防は、疾病の早期発見と早期治療である。三次予防は、疾病から社会復帰するための行為を指す。「21世紀における国民健康づくり運動（健康日本21）」において、一次予防の取り組みの重要性が強調された。

① ○　健康診断は疾病の早期発見を目的とした行為であり、二次予防の取り組みである。

② ×　健康教育は、休養、レクリエーション、生活環境改善などと並び、健康増進を目的とした行為であり、一次予防に含まれる。

③ ×　作業療法は社会復帰に向けたリハビリテーションであり、三次予防の取り組みである。ほかに、理学療法や介護予防、職業訓練なども三次予防に含まれる。

④ ×　予防接種は、例えばインフルエンザや肺炎球菌などの感染症の発病を予防する行為であり、一次予防に含まれる。

⑤ ○　人間ドックも健康診断と同様に、疾病の早期発見を目的としており、二次予防の取り組みである。

正答　①⑤

▶問 132

知的障害のある子どもへの対応方針について、適切なものを2つ選べ。
① 失敗体験を積み重ねて失敗に慣れさせる。
② スモールステップでできることを増やす。
③ 得意な面よりも苦手な面を優先して指導する。
④ 社会生活に必要な技能や習慣を身に付けさせる。
⑤ 具体的な活動よりも抽象的な内容の理解を重視する。

重要事項

知的障害とは、「発達期に起こり、知的機能の発達に明らかな遅れがあり、適応行動の困難性を伴う状態」のことである。年齢相応の学習や行動が難しいという状態像が挙げられるが、それぞれに状態は多様であり、顕著な子どももいれば、一見しただけでは知的障害が分かりにくい子どももいる。

① × それぞれの子どもに合った課題で成功体験を積み重ね、自己肯定感や自信をつけさせることが重要であり、この選択肢は不適切である。

② ○ 前述のように、それぞれの子どもに合った課題に取り組ませ、小さくでもステップアップしていることを感じさせることで、意欲を高めることは重要である。

③ × 苦手な側面にばかりフォーカスを当てると、かえって子どもの自信ややる気を削いでしまう可能性がある。極端な指導が続けば、子どもの自己肯定感の低下や精神的な不調を来す恐れもあるため、この選択肢は不適切である。

④ ○ 障害の度合いによって様々な対応が考えられるが、社会生活に必要な技能や習慣を身につけさせることによって、社会適応が促され子どもの発達もより促進されることが期待される。

⑤ × 知的障害のある子どもにとって、抽象的な内容の理解は難しい。指示や活動は具体的である方がわかりやすく、経験から理解することの方が得意といわれている。自分で判断し取り組む力を育むために、個人の興味関心は尊重しながらも、子どもにとってのわかりやすさを重視することが必要であろう。

正答 ②④

▶ 問 133

物質使用障害について、正しいものを2つ選べ。
① コカインは身体依存性が強い。
② ヘロインは身体依存性が強い。
③ 大麻はドパミン受容体を介して多幸作用を生じる。
④ モルヒネはオピオイド受容体を介して興奮作用を生じる。
⑤ 3,4-メチレンジオキシメタンフェタミン〈MDMA〉はセロトニン遊離増加作用を介して幻覚を生じる。

重要事項

物質使用障害は、DSM-5で再定義された障害であり、乱用と依存を統合した疾患概念である。乱用は、薬物などの物質を社会から許容される範囲を逸脱した目的や方法で使用することを指し、依存はその物質の使用を自己コントロールできない状態を指す。主に、アッパー系である精神刺激系・覚せい剤系薬物（MDMA、覚せい剤、コカインなど）と、ダウナー系である麻薬系・オピオイド系薬物（ヘロイン、抗不安薬や睡眠薬、ケタミンなど）、アルコール、大麻（マリファナ含む）、LSD、有機溶剤（シンナー）、ニコチンなどがあるが、分類は曖昧なところも多い。

① ×　身体依存は中止時の離脱症状と耐性形成が特徴である。種々の物質の中でも、ニコチン、覚せい剤、コカインは精神依存のみで身体依存が形成されない。

② ○　逆に、身体依存を来す物質としては、オピオイド、アルコール、ベンゾジアゼピン系薬剤などが有名である。ヘロインは、モルヒネから合成される麻薬であり、オピオイド系の物質である。

③ ×　大麻類の主成分はカンナビノイドであり、脳内のカンナビノイド受容体に作用する。これにより、多幸感や鎮痛などの作用を生じる。

④ ×　モルヒネはオピオイド受容体に作用する物質であるが、ダウナー系の薬剤であり、興奮作用ではなく鎮静作用を生じる。

⑤ ○　MDMAはアンフェタミン系薬剤である。アンフェタミン系薬剤は、ノルアドレナリンとドパミン系に作用するが、MDMAのみは、他のアンフェタミンと異なり、セロトニン遊離増加作用を有している。

正答　②⑤

▶問 134

親権について、正しいものを2つ選べ。

① 親権には財産管理権は含まれない。
② 民法には親権喪失及び親権停止が規定されている。
③ 児童相談所の一時保護には親権者の同意は必要でない。
④ 里親に委託措置をする場合、親権者の同意は必要でない。
⑤ 児童養護施設に入所措置する際、親権者の同意は必要でない。

重要事項

親権とは、未成年者の子どもの財産管理や、代理人として法律行為をする権限を持つことや、子どもを監護・養育する権利のことである。具体的な内容としては、財産管理権と身上監護権がある。財産管理権の中には子どもの所有する財産の管理と、子ども代わりに法律行為を行う権利が含まれる。身上監護権は子どもの世話などの実際の監護・養育をする権利のことで、その中には身分行為の代理権、居所指定権、懲戒権、職業許可権等が含まれる。

① ×　前述のように財産管理権が含まれる。

② ○　2011（平成 23）年の民法改正では従来の親権喪失制度に加えて、親権の一時停止制度が制定され、親権に関する規定の見直しが行われた。親権の一時停止は家庭裁判所によって決定されるが、申し立てができる者は、子、子の親族、未成年後見監督人、検察官、児童相談所長である。

③ ○　深刻な状況にある場合は、家庭から一時的に離し保護をする「一時保護」が実施される。一時保護の期間は 2 週間から 2 カ月程度で、この期間に児童相談所は更なる情報収集等を行い、処遇方針を決定する。その際に親権者の同意は必要ない。

④ ×　処遇方針の決定を受け支援が開始される。家庭での生活を続けながら解決を目指す在宅支援か、在宅支援が難しいと判断された場合に子どもと親権者の同意を得て、里親や児童養護施設を利用するケースがある。

⑤ ×　前述通り。在宅支援が難しい場合には児童養護施設を利用するケースもあるが、その場合は子どもと親権者の同意が必要である。

正答　②③

▶問 135

犯罪被害者等基本法について、正しいものを2つ選べ。

① 犯罪等とは、犯罪及びこれに準ずる心身に有害な影響を及ぼす行為を指し、交通事故も含まれる。
② 犯罪被害者等とは、犯罪等により害を被った者及びその家族又は遺族であり、日本国籍を有する者をいう。
③ 犯罪被害者等基本計画の案を作成するなどの事務をつかさどる犯罪被害者等施策推進会議は、内閣府に置く。
④ 犯罪被害者等のための施策とは、犯罪被害者等が、その受けた被害を回復し、社会に復帰できるための支援の施策である。
⑤ 犯罪被害者等のための施策は、警察等刑事司法機関に事件が係属したときから、必要な支援等を受けることができるよう講ぜられる。

重要事項

2004年に犯罪被害者等基本法が制定され、犯罪被害者の権利と利益を守るための基本方針や重点課題が定められた。刑事手続への関与の拡充への取り組み、損害の回復や経済的支援への取り組み、精神的・身体的回復への取り組み、国民の理解増進への取り組み、被害者参加制度の創設など、大幅な制度改正が行われた。

① ○　第2条において、「この法律において「犯罪等」とは、犯罪及びこれに準ずる心身に有害な影響を及ぼす行為をいう」とされている。

② ×　第2条において、「この法律において「犯罪被害者等」とは、犯罪等により害を被った者及びその家族又は遺族をいう」とされており、日本国籍を有する者とはされていない。

③ ○　第24条において「内閣府に、特別の機関として、犯罪被害者等施策推進会議（以下「会議」という。）を置く」とされている。関係閣僚や犯罪被害者等への支援等に関する有識者で構成されている。

④ ×　第2条において、「この法律において「犯罪被害者等のための施策」とは、犯罪被害者等が、その受けた被害を回復し、又は軽減し、再び平穏な生活を営むことができるよう支援し、及び犯罪被害者等がその被害に係る刑事に関する手続に適切に関与することができるようにするための施策をいう」とされている。

⑤ ×　第3条において、「犯罪被害者等のための施策は、犯罪被害者等が、被害を受けたときから再び平穏な生活を営むことができるようになるまでの間、必要な支援等を途切れることなく受けることができるよう、講ぜられるものとする」とされている。

正答　①③

▶問 136

網膜像差が奥行き知覚手掛かりとして有効であるかを検討する目的で実験を行った。網膜像差が 0 分、6 分、12 分、18 分の 4 種類からなるランダムドットステレオグラムを各実験参加者にランダムな順序で呈示した。実験参加者はランダムドットステレオグラムを観察し、実験者から渡されたノギスを用いて見かけの奥行き量を再生した。

この実験データから網膜像差の 4 つの条件で再生された奥行き量の平均に差があるかを検討するための統計的方法として、最も適切なものを 1 つ選べ。

① 対応のある 1 要因分散分析
② 対応のある 4 要因分散分析
③ 対応のない 1 要因分散分析
④ 対応のない 4 要因分散分析
⑤ 対応のある 2 標本の平均の差の検定

重要事項

分散分析は、3 つ以上のグループについて平均値の有意差を検討する目的で行われる。従属変数が、間隔尺度以上の尺度水準において用いられる。分散分析では、複数の要素を組み合わせて検定することもできる点が特徴的である。要因数がいくつあるかによって 1 要因分散分析や 2 要因分散分析などに分けられる。要因数が多すぎると結果の理解が難しくなり、3 要因分散分析程度が限度として考えられている。また、有意差があったときには、多重比較によってグループ間の差を明らかにすることも可能である。また「対応のある・なし」は、測定対象が同じで条件が異なるのか、測定対象が異なるのかで決まる。すなわち、測定対象が同じで条件が異なるときには「対応のある」データとなり、測定対象が異なるときには「対応のない」データとなる。

① ○　この実験で平均の差を検定する際には、分散分析が適用され、独立変数は「網膜像」1 つに限られるため、1 要因の分散分析となる。測定対象は「網膜像」という同じ内容であるため、対応のあるデータに該当する。

② ×　網膜像という 1 つの独立変数であるため、4 要因にはならない。また、分散分析では 3 要因までに限られ、4 要因の分散分析は結果の理解が難しくなるため、ほとんど行われない。

③ ×　1 要因の分散分析は適切であるが、測定対象が「網膜像」という同じ内容であるため、対応のないデータにはならない。

④ ×　②と同様であり、4 要因の分散分析は適用されない。

⑤ ×　2 標本の平均の差の検定では、2 つの集団の平均の差を検定する t 検定が適用される。

正答　①

▶ 問 137

社会的認知

18 歳の女性 A、大学生。サークルに入部して 1 か月がたった頃、A はいつも集合時間に遅刻するため、副部長の B から注意を受けた。そのことをきっかけに B を怖いと思うようになった。その後、忘れ物をした部員に B が注意している場面を偶然見かけ、B はいつも怒っているので怖いという思いが強くなった。実際には、B が部員を優しく励ましたり、場の雰囲気を和ませる発言をしたりする場面も見たことがあるが、そのことは A の印象には残っていなかった。やがて A は「B がいるからサークルに行きたくない」と言い、サークルを休むことが多くなってきた。

このような A の心理的特徴として、最も適切なものを 1 つ選べ。

① 錯誤相関
② 確証バイアス
③ 自己評価維持モデル
④ スポットライト効果
⑤ 利用可能性ヒューリスティック

重要事項

A は注意を受けた体験から「B は怖い」という信念を抱き、それを支持する情報を選択的に集め、さらに信念を強くしていった。こうした傾向を確証バイアスという。確証バイアスと錯誤相関は第 1 回試験にも出題されている。自己も含めた他者や社会を人がどのように認知しているか、またそれが人の判断や印象、感情や行動にどのような影響を及ぼしているかについて考える領域として社会的認知があり、認知バイアス、スティグマ、印象形成、ステレオタイプなどの概念が提唱されている。

① ×　錯誤相関（誤った関連付け・幻相関）とは 2 変数の相関関係がほぼ 0 にも関わらず実際以上に大きく相関があると判断することである。ステレオタイプの形成や維持に関連があるとされる。

② ○　ある考えや仮説を評価する際、多くの情報の中からその仮説を判断する材料を探すことになる。その際、その仮説に合うもの（確証）を選択的に認知して重視し、逆の情報（反証）には注目しない傾向のことを確証バイアスという。

③ ×　自己評価維持モデルとは、他者との心理的な距離や、関与、認知を複雑に変えることによって人は自己評価を好ましい状態に保とうとするモデルのことである。

④ ×　スポットライト効果とは社会的判断において、自分自身の行為や外見などが自分にとって目立つ場合に、他の人からもそれが注目されていると過大評価しやすい傾向のことである。

⑤ ×　利用可能性ヒューリスティックとは、ある出来事が生じる確率を判断する際に、それに関連する事例や知識がどれだけ記憶から取り出して利用しやすいか（思い出しやすいか）に応じて判断する直感的な方法のことをいう。

正答　②

▶ 問 138

25 歳の男性 A、会社員。3 か月前にバイク事故により総合病院の救命救急センターに搬入された。意識障害はなく、胸髄損傷による両下肢完全麻痺と診断された。2 週間前、主治医から A に、今後、両下肢完全麻痺の回復は期待できないとの告知がなされた。その後 A はふさぎこみ、発語が少なくなったため、主治医から院内の公認心理師 B に評価及び介入の依頼があった。B が訪室すると A は表情がさえず、早朝覚醒と意欲低下が認められた。

このときの B の対応として、最も優先度が高いものを 1 つ選べ。

① 神経心理学的検査を行う。
② 障害受容プロセスを話題にする。
③ アサーション・トレーニングを導入する。
④ 脊髄損傷の当事者の会への参加を勧める。
⑤ 抑うつ状態が疑われることを主治医に報告する。

重要事項

事故により両下肢完全麻痺と診断され中途障害となった男性への心理的評価および介入が求められたケースについての問題である。A は喪失に直面し、大きな危機にあると考えられる。危機介入（限られた時間の中で危機を少しでも和らげること）における優先度の知識が大切である。A は 2 週間前の告知後からふさぎこむ様子がみられ、早朝覚醒や意欲低下といった抑うつ状態が疑われる症状があることがポイントになる。

① ×　胸髄損傷が原因のためすぐに神経心理学的検査を積極的に行う必要はない。
② ×　現在大きな危機にあると思われる、A の状態に合っていない。
③ ×　アサーションとは自他共に尊重する自己表現術のことをいう。J. Wolpe が概念化した。このケースで発語が少なくなったのは自己表現の不得手とは関係がないため的外れである。
④ ×　当事者の会が支えになることも多くあるが、時期尚早といえる。
⑤ ○　自殺の危険性もあるため、早期に主治医に A の状態とリスクを伝えて対応を仰ぐことが優先度の高い選択といえる。

正答　⑤

障害受容：病気や事故などにより身体の機能を失った人が、その事実を受け入れていくことを障害受容と呼ぶ。代表的なものとして N. Cohn の危機・障害受容モデルがあり、プロセスとして「ショック」「回復への期待」「悲嘆」「防衛・回復への努力」「適応」といった段階が考えられている。しかし受容という価値転換を重視する傾向や個別性を排除した画一的な理解への批判も多い。また障害者への偏見も未だ根強い中、社会全体が障害者を受け入れていく「社会受容」の重要性が指摘されている。2016（平成 28）年には障害者差別解消法が施行された。

▶ 問 139　認知症が疑われる患者の心理検査

74 歳の女性。単身生活で、就労はしていない。最近物忘れがひどいと総合病院の内科を受診した。内科医から公認心理師に心理的アセスメントの依頼があった。精神疾患の既往歴はなく、神経学的異常もみられない。以前から高血圧症を指摘されていたが、現在はコントロールされている。頭部 CT 検査で異常はなく、改訂長谷川式簡易知能評価スケール〈HDS-R〉は 21 点であった。

この時点で公認心理師が行う心理検査として、最も適切なものを 1 つ選べ。

① CAPS
② CPT
③ MMPI
④ WMS-R
⑤ Y-BOCS

重要事項

認知症が疑われる患者についての検査の選択に関する設問である。主訴が物忘れであり、身体的な問題は鑑別されていると考える。HDS-R のカットオフ値は 20/21 であり、基準値には満たないものの、得点の低さが認められる。他の精神疾患の可能性も低いことを考えると、記憶についてより精査する検査を行うことが適切であると判断する。

① ×　CAPS（Clinician-Administered PTSD Scale）は、PTSD の診断のための構造化面接尺度のことを指す。今回の事例では必要性はない。

② ×　CPT（Continuous Performance Test）は持続処理検査と呼ばれ、単純な作業を一定時間行い、その時間や誤反応などを調べることにより、作業に対する集中力や意欲、情報処理や動作速度、衝動性などを測定する検査である。発達障害や学習障害、高次脳機能障害など様々な疾患に用いられるが、記憶に焦点があるわけではない。

③ ×　MMPI（Minnesota Multiphasic Personality Inventory）とは精神疾患の診断を目的として作られた性格検査である。550 項目と 4 つの妥当性尺度と 10 の臨床尺度から構成される。記憶にはあまり関係しない検査で、精神疾患の可能性も低い人に、非常に負担の大きい検査を、わざわざ実施する必要性がない。

④ ○　WMS-R（Wechsler Memory Scale-Revised）は改訂版ウェクスラー式記憶検査という。短期記憶や長期記憶、言語性記憶や非言語性記憶、即時記憶や遅延記憶など様々な記憶機能を測定するために設計された神経心理学的検査である。

⑤ ×　Y-BOCS（Yale-Brown Obsessive Compulsive Scale）はエール・ブラウン強迫尺度といい、強迫性障害における強迫観念や強迫行為の重症度の評価に用いられる尺度である。

正答　④

22 歳の女性 A。A は職場での人間関係における不適応感を訴えて精神科を受診した。ときどき休みながらではあるが、勤務は継続している。親と仲が悪いので 2 年前から単身生活をしているとのことである。公認心理師が主治医から心理的アセスメントとして、YG 法、BDI-Ⅱ、WAIS-Ⅳの実施を依頼された。YG 法では E 型を示し、BDI-Ⅱの得点は 19 点で希死念慮はない。WAIS-Ⅳの全検査 IQ は 98 であったが、言語理解指標と処理速度指標との間に大きな差があった。公認心理師が引き続き行う対応として、最も適切なものを 1 つ選べ。

① MMSE を実施する。
② 田中ビネー知能検査Ⅴを追加する。
③ 家族から情報を収集したいと A に伝える。
④ 重篤なうつ状態であると主治医に伝える。
⑤ 生育歴についての情報を A から聴き取る。

重要事項

心理的なアセスメントを進めていく上での知識を問う問題である。YG 法（矢田部ギルフォード性格検査）は E 型であり、情緒的に不安定な傾向と受け身的で内向的な性格が示唆される。また BDI-Ⅱ（ベック抑うつ質問票）の得点は 19 点と「軽度なうつ状態」が認められ、知能検査からは認知的な機能の偏りが示唆されている。

① ×　MMSE は精神状態短時間検査といい、認知症のスクリーニングに使われる検査である。

② ×　田中ビネー知能検査は 2 歳から成人までを対象とした知能検査である。本事例では WAIS-Ⅳがすでに実施されており、また全検査 IQ も平均的な水準にあり、さらに別の検査を行う特別な必要性はないため×になる。

③ ×　家族からの情報の聴取は、本人からは聴けない幼少期の様子や経験、生活の様子など様々な情報を知ることができるため有益な面もある。しかし本事例では親と仲が悪く、単身生活をしているとのことで、家族から話を聴くことには慎重になるべきであり、適切とはいえない。

④ ×　BDI-Ⅱの得点は 19 点であり、軽度なうつ状態と判断される。また希死念慮も認められないことから、重篤なうつ状態であると伝えるのは適切ではない。

⑤ ○　心理的アセスメントに成育歴、家族歴、遺伝負因などは必須であり、得られた検査結果からさらに詳しく成育歴を聴取するのが選択肢の中では最も適切と思われる。知能検査では群指数の偏りが見られるため、小さな頃から苦手なことがなかったか、他には友人関係は以前からどうだったのか、家族との関係性などについて侵入的・詮索的にならない範囲で聴き取ることがよいかもしれない。1 つの検査結果から判断せず、総合的にアセスメントを進めていくことが大切であるとされる。

正答　⑤

▶ 問 141　社会構成主義的アプローチ

19 歳の男性 A、大学 1 年生。A は将来に希望が持てないと学生相談室に来室した。「目指していた大学は全て不合格だったので、一浪で不本意ながらこの大学に入学した。この大学を卒業しても、名の知れた企業には入れないし、就職できてもずっと平社員で結婚もできない。自分の将来に絶望している」と述べた。

A に対する社会構成主義的立場からのアプローチとして、最も適切なものを 1 つ選べ。

① 不本意な入学と挫折の心理について心理教育を行う。
② A の将来への絶望について無知の姿勢で教えてもらう。
③ A の劣等感がどのように作り出されたのかを探索させる。
④ 学歴社会の弊害とエリート主義の社会的背景について説明する。
⑤ A の思考のパターンがどのように悲観的な感情を作り出すのかを指摘する。

重要事項

社会構成主義的なアプローチとは社会学から発展したものであり、私たちが体験している現実を「社会的に構成されたもの」とみなす立場である。常に変化する「動」的なもので、人々の捉え方によって再生産され得るものとして現実を捉える。個人よりも関係が重視され、対話の中で意味が生成されることが強調される。特定の技法論に留まらない心理療法における一つの認識論であり、社会構成主義に基づいたものとしては解決志向アプローチやナラティブ・セラピーなどが挙げられる。治療者と患者が対等であることが強調され、患者をその人の症状や問題のエキスパートとして認識し、治療的会話、無知の姿勢などが重視される。

① ×　心理教育とは心理学的知識・知見に基づいて患者を教育することであり、対等な関係や治療的会話が強調される社会構成主義的なアプローチとはいえない。

② ○　無知の姿勢は社会構成主義的立場における重要な概念である。患者をその苦悩のエキスパートと認識し、治療者は教えてもらうという姿勢で臨むことが大切である。

③ ×　劣等感の探索は Adler 派の立場に近いと考えられ、不適切である。Adler 派の立場においては劣等感の減少や克服が心理療法の目標の一つとして考えられている。

④ ×　社会構造や現代社会の背景について「説明する」という立場は社会構成主義とは言えないので間違いである。

⑤ ×　思考のパターンについて明確にし、そこでの感情の発生プロセスについて患者と共有し理解していくのは、認知行動療法的なアプローチと考えられるため、間違いである。また、「指摘をする」という治療者のあり様は社会構成主義的とは言えない。

正答　②

▶ 問 142　行動変容ステージモデルに基づいた支援

47 歳の男性 A。A は、長年の飲酒、食習慣及び喫煙が原因で、生活習慣病が悪化していた。主治医はこれらの習慣は簡単には変えられないため、院内の公認心理師と共にじっくりと取り組むようカウンセリングを A に勧めた。A は「酒もたばこも生活の一部だ」と話す一方で、「自分の身体のことは心配なので、この 2 週間はたばこの本数を毎日 20 本から 15 本に減らし、1 日の最初の 1 本を遅らせている。酒はやめる気はない」と言う。

A の行動変容の段階を考慮した公認心理師の対応として、最も適切なものを 1 つ選べ。

① 禁酒も始めるように促す。
② 生活習慣病への意識を向上させる。
③ 禁煙のための具体的な計画を立てる。
④ 飲酒と喫煙の害について心理教育を行う。
⑤ 喫煙本数が増えないように現在の自分なりの制限を継続させる。

重要事項

患者はいくつかのステージを経て行動変容を段階的に達成していく。行動変容ステージは「無関心期（6 か月以内に行動変容を起こす意図がない）」、「関心期（6 か月以内に行動変容を起こす意図がある）」、「準備期（1 か月以内に行動変容を起こす意図があり、その方向でいくつかの行動の変容が起き始めている）」、「実行期（行動が変化して 6 か月未満）」、「維持期（行動が変化して 6 か月以上）」の 5 段階に分けられる。段階によって対応も異なるために、公認心理師には患者がどのステージにいるかを見立てる力が必要になる。本事例の男性 A は「喫煙」に関しては若干の行動変容が起き始めている段階なので、準備期に該当すると考えられる。

① ×　喫煙行動の変容が準備期であるにもかかわらず、禁酒という新たな行動変容を提案している。準備期の対応とはいえず、不適切である。

② ×　意識を向上させるのは、無関心期の対応である。身体や病気に関する情報を提供し、行動変容の必要性を理解してもらうのが無関心期である。準備期の対応ではなく、不適切である。

③ ○　準備期に最も必要なことは行動変容を行い、継続していくための、具体的な計画である。よってこの選択肢は最も適切である。

④ ×　心理教育を行うことも無関心期の対応である。飲酒と喫煙の害について教育することは行動変容の必要性を理解することにつながっていく。よって不適切である。

⑤ ×　現在の行動制限を継続していくよう促すのは維持期の対応だと考えられる。男性 A は明確な行動変容に至っているわけではなく準備期であり、現状を継続させることは不適切だと考えられる。

正答　③

▶ 問 143

13 歳の男子 A、中学 1 年生。A は両親と 2 つ上の兄 B と暮らしている。両親は、A と B が幼い頃から、多くの学習塾に通わせるなどして中学受験を目指させた。B は志望校に合格したが、A は不合格であった。両親は「お前は出来そこないだ。これからは死ぬ気で勉強しろ」と A を繰り返しなじった。次第に両親は「お前は B とは違って負け犬だ。負け犬の顔など見たくない」と言い、A に別室で一人で食事をさせたり、小遣いを与えなかったりし始めた。

両親の行為は虐待種別の何に当たるか、最も適切なものを 1 つ選べ。

① 教育的虐待
② 経済的虐待
③ 身体的虐待
④ 心理的虐待
⑤ ネグレクト

重要事項

虐待種別は必須事項である。厚生労働省が発表している虐待種別は身体的虐待、性的虐待、ネグレクト、心理的虐待の 4 種類であるが、その他にも選択肢にある教育的虐待、経済的虐待がある。虐待の対応には「緊急事態」「要介入」「見守り・支援」の 3 つのレベルがあり、その虐待の程度に応じて介入レベルが検討される。

① ×　教育的虐待とは親が子どもに過度な期待を向け、学習を強要したり、期待通りでないことに対して激しく叱責したりするものである。本事例には関連する部分もあるが、両親の言葉は A の自尊心を傷つけ、兄弟間差別を行い、拒否にまで至っており、教育的虐待が「最も適切」とは言えない。

② ×　経済的虐待とは財産を不当に処分するなど経済的な面で苦痛を与える行為である。本事例には該当せず、適切ではない。

③ ×　身体的虐待とは、殴る・蹴る・溺れさせる・火傷させる・首を絞める・拘束するなどの身体的外傷が生じる、または生じる可能性のある暴行、危害を加える行為を指す。本事例においては身体的暴行や危害に関する記述は見当たらず、適切ではない。

④ ○　心理的虐待とは、自尊心を傷つける言葉で脅したり、無視をしたり拒否的な態度をとる、兄弟間で差別的な扱いをする、子どもの前で家庭内暴力を行うことなどを指す。本事例での両親の行為は心理的虐待に該当すると考えられ、最も適切である。

⑤ ×　ネグレクトとは親が子の養育や保護を放棄・拒否することであり、具体的には食事を与えない、不潔にする、自動車や家に閉じ込める、病院へ受診させないなどが該当する。本事例においてはこのような行為は見られず、適切ではない。

正答　④

9 歳の男児 A、小学 2 年生。A は実母と継父との三人暮らしであったが、ネグレクトと継父からの身体的虐待のため、児童相談所に一時保護された。入所当初は、いつもきょろきょろと周囲をうかがっていて落ち着かず、夜は悪夢でうなされることが多かった。入所 1 週間後の就寝時、男性指導員が A を居室に連れて行こうとして手を取ったところ、急に大声で叫び、周辺にあるものを放り投げ、頭を壁に打ち付け始めた。男性指導員は A に落ち着くよう促したが、なかなか行動が鎮まらなかった。しばらくして行動は止んだが、無表情となって、立ちすくんだままであった。声をかけるとようやく頷いた。

A の行動の解釈として、最も適切なものを 1 つ選べ。

① 男性指導員への試し行動
② フラッシュバックによる混乱
③ 慣れない生活の場での情緒の混乱
④ 抑圧されていた攻撃的感情の表出
⑤ 反抗挑戦性障害にみられる権威者に対する反発

重要事項

厚生労働省は一時保護の目的の一つとして「子どもの観察や意見聴取においても、一時保護による安全な生活環境におくことで、より本質的な情報収集を行うことが期待できる」という点を挙げている。公認心理師は心理学および精神医学的見地から、虐待が児童に及ぼしている影響を正確に見立て、その後の支援につなげることが求められている。

① ×　A から男性指導員に向けられた働きかけが乏しい。そのため信頼関係構築のための「試し行動」を行っていると解釈するには、本事例の記述だけでは不十分である。

② ○　心的外傷後ストレス障害（PTSD）の症状である可能性を考慮に入れる。A は身体的虐待を事由に保護され、入所当初から落ち着かなさ（過覚醒症状）と悪夢（侵入症状）が認められている。男性指導員との接触がきっかけとなって、父親からの虐待体験がフラッシュバックした可能性が高い。

③ ×　環境の不慣れによる混乱であれば、保護当初から同様の状態がみられると考えられる。

④ ×　男性指導員との身体接触によってのみ攻撃的言動が生じており、攻撃性の表出として解釈するには不十分である。

⑤ ×　反抗挑戦性障害は、怒りっぽく、権威ある人物や大人と口論になり、挑発的な行動を持続させ、執拗に仕返しを繰り返す特徴がある。保護当初「周囲をうかがって落ち着かず」過ごしていたこと、混乱収束後に「声をかけると頷いた」ことを踏まえると反抗挑戦性障害と関連づけて解釈することは不適である。

正答　②

▶ 問 145

中学 1 年生の数学教科担任 A は、方程式の単元で困難度の異なる計算問題 30 問が印刷されたプリントを授業中に用いることを考えた。その際、最初から少しずつ難しくなるように問題を配置し、生徒が積極的に解答を書き込めるような工夫をした。また、模範解答も用意した。さらに、授業中には自分のペースで取り組めるような時間を設定することにした。

このプリントを用いた A の授業をプログラム学習の原理に沿ったものにするために必要なこととして、最も適切なものを 1 つ選べ。

① グループで答え合わせをする時間を設ける。
② 解答するための 1 問当たりの制限時間を生徒に設定させる。
③ 1 問ずつ解答した直後に、答え合わせをするように指示する。
④ 計算問題が苦手な生徒に対しては、教師が一緒に答え合わせを行う。
⑤ 全ての問題に正しく解答した生徒から休み時間にしてよいと告げる。

重要事項

プログラム学習は、学習者の適性や理解度に応じて構成されたプログラムに従って個別学習を行っていく学習指導法で、スキナー（B. F. Skinner）によって提唱されたオペラント条件付けの理論に基づいている。プログラム学習における基本原理は 4 つある。1）スモールステップの原理：目標までの過程が小さなステップに分けられ、各ステップを完了させることによって学習を進める。2）積極的反応の原理：各ステップに対して学習者に積極的に反応させ、持っている知識の再生を図りつつ学習を進める。3）即時確認の原理：学習者が問題に解答したら、即座に正誤のフィードバックを与える。4）学習者ペースの原理：学習者にとって最適なペースで学習を進める。

① ×　グループでの答え合わせを行うのは集団学習である。またグループで答え合わせを行うことは「学習者ペースの原理」に反する可能性があるため、プログラム学習には適さない。
② ×　学習者が決めたものであっても、あらかじめ「制限時間」を設定することは、学習者のペースで学習が進んでいく上での障害となりうる。
③ ○「即時確認の原理」の原則がある。プログラム学習では解答に対して、即座に正誤のフィードバックが与えられていく必要がある。
④ ×　教師が共に解答を行うことによって、「積極的反応の原理」に反する可能性が生まれる。また「スモールステップの原理」に基づけば、生徒にとって苦手な課題の場合は段階的に学習が行えるよう課題提示の工夫が必要である。
⑤ ×　課題を早く終えることで休み時間が増えるというルールは個人の課題進行状況によって報酬格差が生まれやすく、「学習者ペースの原理」を乱す可能性がある。

正答　③

▶ 問 146

14 歳の男子 A、中学 2 年生。A は中学 1 年生のときに比べ、学習に対して積極的に取り組み、成績が全体的に上がった。1 学期の成績評定は国語と社会が高く、数学と体育は他の教科と比べて低かった。A は中学 1 年生のときは幅広い交友関係があったが、現在は特定の友人と親しくしている。何事に対しても真面目に取り組み、クラスメイトからも信頼されているが、自信がなく不安な様子もみられる。

A についてのこれらの情報は、どのような評価に基づくか、最も適切なものを 1 つ選べ。

① 診断的評価と相対評価
② 縦断的個人内評価と相対評価
③ 診断的評価と横断的個人内評価
④ 診断的評価と縦断的個人内評価
⑤ 縦断的個人内評価と横断的個人内評価

重要事項

教育現場における評価の基準はいくつかの枠組みが存在している。1）絶対評価：「個人が教育目標に対してどの程度まで学習が進んでいるのか」を評価する。2）相対評価：通知表の 5 段階評定のように「学習の達成度合いが、集団の中でどのような位置にいるのか」を評価する。3）個人内評価：教育目標や集団の中の位置づけのような外的基準ではなく、児童生徒の中に存在する基準から評価する。個人内評価は、i）横断的個人内評価（個人内の評価を多側面から評価する）と ii）縦断的個人内評価（個人を時系列で比較を行い評価する）に分類される。

① ×　診断的評価は完全習得学習で用いられ、興味や既有知識などの個人特性を評価するもの。そのため A の記述には該当しない。また集団基準の中での評価ではなく、相対評価にも該当しない。
② ×　A の学習態度や成績、交友関係を中学 1 年時と現在で比較しており、縦断的個人内評価に該当する。しかし、相対的評価は上述の通り該当しない。
③ ×　A の 1 学期の評定を他教科間で比較しており、横断的個人内評価に該当する。しかし上述の通り、診断的評価には該当しない。
④ ×　上述の通り診断的評価には該当しない。縦断的個人内評価は上述の通り該当している。
⑤ ○　上述の通り縦断的個人内評価と横断的個人内評価に該当する。

正答　⑤

完全習得学習：J. S. Bloom が提唱した学習法。十分な時間と適切な学習環境さえあればどの生徒も同じ学習内容を完全習得可能であるという考え方に基づいた学習指導法である。この学習法を行う上で、最適な教材や教え方を選択するため学習者の興味や既有知識などの特性評価を行う段階があり、その評価を診断的評価という。

▶問 147

75 歳の女性 A。A は相談したいことがあると精神保健福祉センターに来所し、公認心理師が対応した。A は、45 歳の長男 B と二人暮らしで、B は覚醒剤の自己使用により保護観察付執行猶予中だという。「最近、B が私の年金を勝手に持ち出して使ってしまうようになった。そのため生活費にも事欠いている。財布からお金が何度もなくなっているし、B の帰りが遅くなった。B は覚醒剤を使用しているのではないか。B に恨まれるのが怖くて保護司に言えないでいる。B を何とかしてくれないか」との相談であった。

公認心理師の対応として、最も適切なものを 1 つ選べ。

① 高齢者虐待のおそれがあるとして、市町村に通報する。
② A の話が本当かどうかを確認するため、しばらく継続して来所するよう提案する。
③ B の行為について、高齢者虐待防止法違反として、警察に通報し立件してもらう。
④ B が覚醒剤を使用している可能性が高いので、対応してもらうよう保護観察所に情報を提供する。
⑤ B の行為は高齢者虐待に該当しないため、覚醒剤乱用の疑いがあるとして、A から担当保護司に相談するよう助言する。

（注：「高齢者虐待防止法」とは、「高齢者虐待の防止、高齢者の養護者に対する支援等に関する法律」である。）

重要事項

この事例では、① B の行為が A に対する高齢者虐待に当たるかどうか、②高齢者虐待に該当する場合には、どこに通報をするか、を判断することがポイントとなる。

① ○　B の行為は A への経済的虐待に当たると判断できるため、市町村に通報することが求められる。
② ×　A は生活費にも事欠いているということを訴えているため、危機的な状況と判断すべきである。早急な対応を取ることが望まれるため、本選択肢は誤りである。
③ ×　高齢者虐待の通告は市町村に行う必要がある。
④ ×　A の話だけで B が覚醒剤を使用していると判断するのは時期尚早である。また、他機関に情報を提供する場合には、施設責任者の判断を仰ぐ必要がある。
⑤ ×　B の行為は高齢者虐待（経済的虐待）に当たるため、本選択肢は誤りである。

正答　①

高齢者虐待防止法：2006（平成 18）年施行。養護者や養介護施設従事者等による高齢者虐待の防止、高齢者の養護者に対する支援等について示されている。高齢者虐待を発見した養介護施設従事者等には、その緊急性の高さに関わらず通告義務が課せられる（第 21 条）。

▶ 問 148　高ストレス者のアセスメント

30 歳の女性 A、会社員。ストレスチェックの結果、高ストレス者に該当するかどうかを補足的な面接で決定することになり、公認心理師が A の面接を行った。A のストレスプロフィールは以下のとおりであった。「心理的な仕事の負担」は低い。「技能の活用度」、「仕事の適性度」及び「働きがい」が低い。「職場の対人関係のストレス」が高い。「上司からのサポート」と「同僚からのサポート」が低い。ストレス反応では、活気に乏しく疲労感と抑うつ感が高い。「仕事や生活の満足度」と「家族や友人からのサポート」が低い。

ストレスプロフィールを踏まえ、面接で把握すべき事項として、最も優先度の低いものを 1 つ選べ。

① 労働時間を尋ねる。
② 休日の過ごし方を尋ねる。
③ キャリアの問題を抱えていないか尋ねる。
④ 上司や同僚との人間関係について尋ねる。
⑤ 疲労感と抑うつ感は、いつ頃から自覚し始め、どの程度持続しているのかを尋ねる。

重要事項

ストレスチェックにて高ストレス者とみなされた労働者に対して行うアセスメント面接の問題である。高ストレス者に対しては、勤務状況が労働者の心身にどの程度の負担を与えているのか、労働者が自らのキャリアをどのように受け止めているか、職場の人間関係に問題はないか、家庭でストレスを感じる出来事があるか等、様々な面からアセスメントを行い、必要な支援につなげていくことが求められる。

① × 「『心理的な仕事の負担』は低い」という記述から、勤務状況に対してストレスに感じていることは少なそうである。
② ○ 「ストレス反応では、活気に乏しく疲労感と抑うつ感が高い。『仕事や生活の満足度』…が低い」という記述から、休養が十分に取れていない可能性がある。休日の過ごし方を尋ねることで、A がどの程度休養を取れているかを確認する手立てとなる。
③ ○ 「『技能の活用度』、『仕事の適性度』及び『働きがい』が低い」という記述から、A は自らのキャリアに合った仕事を選択できていない可能性がある。
④ ○ 「『職場の対人関係のストレス』が高い」「『上司からのサポート』と『同僚からのサポート』が低い」という記述から、A が職場内の人間関係に問題を抱えており、仕事上必要なサポートを受けられていない可能性がある。
⑤ ○ いつ頃から疲労感と抑うつ感を感じているのかを確認することは、A の状態のアセスメントを行う上で必須の質問である。

正答　①

▶ 問 149　いじめに対するスクールカウンセラーの対応

14 歳の女子 A、中学 2 年生。A は、クラスメイトの B が複数の生徒から無視されたり、教科書を隠されるなどの嫌がらせを受けたりしていることをスクールカウンセラーに相談した。A はこのような状況を何とかしてほしいが、自分が相談したことは内緒にしてほしいと強く希望している。

現時点でのスクールカウンセラーの対応として、<u>不適切なもの</u>を 1 つ選べ。

① B から詳しい事情を聞く。
② A が相談に来た勇気を認める。
③ A の承諾を得て、担任教師に連絡する。
④ A からいじめの事実について詳しく聞く。
⑤ 客観的に状況を把握するために、クラスの様子を見に行く。

重要事項

スクールカウンセラーが生徒からいじめの相談を受けた際の対応について問う問題である。今回の事例は、相談者の A 自身の相談ではなく、同じクラスの B についての相談であることを留意する必要がある。A はこの出来事に対してどのような気持ちを抱いているのか、どうしていきたいのかというような A の希望を聞き取った上で、対策を考えていく必要がある。また、A からの情報だけではなく、スクールカウンセラー自身がクラスの様子を観察したり、担任教師からクラスの状況について話を聞くようにするなど、客観的に状況を把握することが求められる。

① ×　A は相談に来たことを他の人に知られたくないと思っている。スクールカウンセラーが B に接触して事情を聞き取ろうとする行為は、A の希望から大きく外れることとなるので避けるべきである。

② ○　児童生徒にとってスクールカウンセラーに相談をしに行くという行為は勇気のいることである。その前提を踏まえ、A が相談に来たことを評価することが大切である。

③ ○　A から得たクラスの情報を担任教師に伝えることは、いじめを解決する上で必要な対応といえるが、それに際して相談者の A から承諾を得るように努めることが大切である。

④ ○　いじめの内容を確認するために、A から情報を聞き取ることは必須である。

⑤ ○　A からの情報だけで B が嫌がらせを受けていると確信するのは時期尚早である。スクールカウンセラーは、客観的に状況を把握できるよう、様々な方面から情報を収集することが望ましい。

正答　①

▶ 問 150　配偶者暴力（DV）への支援

25 歳の女性 A。A は夫から暴力を受け、電話連絡や金銭使用を制限されて、配偶者暴力相談支援センターに逃げ込むが、すぐに夫のもとに戻り同居するということを何回も繰り返していた。今回も夫の暴力で腕を骨折し、同センターに保護された。A は日中ぼんやりとし、名前を呼ばれても気づかないことがある。外出すると、自分の居場所が分からなくなる。夫から殴られる夢を見て眠れない、いらいらして周囲に当たり散らすなどの様子がみられる。その一方で、「夫は今頃反省している。これまで何度も暴力の後に優しくしてくれた」と言い、「夫のもとに戻る」と言い出すこともある。

A の状況から考えられることとして、不適切なものを 1 つ選べ。

① 夫との共依存関係がある。
② 夫婦は常に高い緊張関係にある。
③ 心的外傷後ストレス障害〈PTSD〉が疑われる。
④ A は、夫の暴力を愛情表現の 1 つと認知している。
⑤ ドゥルース・モデルと言われる「パワーとコントロール」の構造が見受けられる。

重要事項

配偶者暴力（DV）の支援についての問題である。支援においては、被害者の心理状態や加害者との関係性、暴力の構造などについてよく理解しておく必要がある。

① ○　A は何度も夫のもとに戻ろうとしており、夫との共依存関係にあると推測できる。しかし、この共依存関係は、夫による社会的隔離や暴力が妻に孤立感や無力感を抱かせた結果生じたものと理解する必要がある。

② ×　DV の暴力は一定のサイクルがあり、1. 緊張期、2. 爆発期、3. ハネムーン期と循環していく。このケースにおいてもハネムーン期があることが記述されており、夫婦は常に高い緊張関係にあるのではないことが分かる。

③ ○　A には、解離症状（日中ぼんやりとし名前を呼ばれても気づかない、外出すると自分の居場所が分からなくなる）や侵入症状および過覚醒（夫から殴られる夢を見て眠れない、いらいらして周囲に当たり散らす）があることがうかがえ、心的外傷後ストレス障害が疑われると言える。

④ ○　DV では、夫が暴力の原因を妻側に責任転嫁したり暴力後に優しく反省することから、妻は暴力を愛情表現と認識する場合がある。A も夫の反省や優しさを信じており、暴力を愛情表現と認知している可能性が考えられる。

⑤ ○　「パワーとコントロール」とは、夫が社会的、肉体的、経済的な力によって妻をコントロールする暴力の構造のことである。身体的暴力と心理的、経済的暴力が組み合わさることで支配力が高まり、妻は主体性を奪われ逃げ出せない精神状態へと追い込まれる。

正答　②

▶ 問 151　長時間労働者への健康管理室の対応

50 歳の男性 A、外回りの医薬品営業職。最近急に同僚が大量退職したことにより、担当する顧客が増え、前月の時間外労働は 100 時間を超えた。深夜早朝の勤務も多く、睡眠不足で業務にも支障が出始めている。このまま仕事を続けていく自信が持てず、休日もよく眠れなくなってきた。人事部から配布された疲労蓄積度自己診断チェックリストに回答したところ、疲労の蓄積が認められるという判定を受けた。A は会社の健康管理室を訪れ、公認心理師 B に詳しい事情を話した。

このときの B の対応として、最も優先されるものを 1 つ選べ。

① HAM-D を実施する。
② 産業医との面接を強く勧める。
③ 継続的に B に相談に来ることを勧める。
④ 仕事を休んでゆっくりするよう助言する。

重要事項

長時間労働者への対応を問う問題である。労働安全衛生法によって義務づけられている長時間労働者に対する面接指導について理解しておく必要がある。事業者は、時間外・休日労働時間が 1 月当たり 80 時間を超え、疲労の蓄積が認められる者が申し出た場合には、医師による面接指導を確実に実施しなければならない。また、事業者は医師から就業上の措置等について意見を聴取し、実際の措置内容について医師に報告しなければならない。こういった点をおさえた上で、労働者、事業者双方にとって適切かつ必要な対応をとることが望ましい。

① ×　HAM-D（ハミルトンうつ病評価尺度）はうつ病の重症度に関する評価尺度である。このケースの場合、A は自信喪失や不眠を呈しておりうつ状態を疑うことも出来るが、産業医による面談よりも優先される対応ではない。

② ○　A の時間外労働は月 100 時間を超えており疲労も蓄積しているため、労働安全衛生法に定められている医師による面接指導の対象となる。また、月 100 時間を超える時間外労働は脳・心臓疾患の発症との関連性が強いとされており、健康上のリスクも高い状態であると言える。

③ ×　医師による面接指導の対象でもあるにもかかわらず、その対応を行わず心理師との面接のみを継続することは健康管理室に求められる責務を果たしていない。

④ ×　労働時間の短縮や休業といった就業上の措置は、労働者と面接をした産業医が事業者に対して意見するものであり、公認心理師が行うものではない。

正答　②

▶ 問 152　睡眠衛生指導

58 歳の男性 A。A は仕事の繁忙期に寝つきが悪くなり、近所の内科で 2 か月前から睡眠薬を処方され服用していた。最近入床から 1 時間以上たっても眠れない日が増え、中途覚醒も認められるようになった。日中の疲労感が強くなってきたため、心療内科を受診した。不眠以外の精神疾患や身体疾患は認められず、主治医から公認心理師に心理的支援の指示があった。

A への対応として、適切なものを 2 つ選べ。

① 認知行動療法を勧める。
② 筋弛緩法を実践するように勧める。
③ これまでよりも早めに就床するように勧める。
④ 中途覚醒した際に寝床に留まるように勧める。
⑤ 夜中に起きた際には時計で時刻を確認するように勧める。

重要事項

仕事の繁忙期を契機に不眠が出現しており、現在は中途覚醒や疲労感もある。一方で薬物介入が必須となるような精神疾患や身体疾患が否定されており、心理的な介入をまず考慮するケースである。質の良い睡眠を得るために推奨される行動面、環境面での調整技法を教示することを睡眠衛生指導と呼ぶ。厚生労働省が「健康づくりのための睡眠指針 2014」を策定・公表しており、目を通しておくと参考になる。

① ○　非器質性の不眠に対しては、認知行動療法の治療効果が認められている。
② ○　不安や緊張が不眠の原因となっていることがあり、リラックス法の一つである筋弛緩法が不眠に有効とされている。
③ ×　普段の就寝時間から 2 ～ 4 時間前まではフォビッド・ゾーンと呼ばれ、かえって入眠しづらいことが分かっている。
④ ×　不眠に対する治療として、刺激制御法の効果が知られている。刺激制御法では、中途覚醒したときはいったん寝床から出て、眠気が出現したらまた寝床に戻ることが指導される。
⑤ ×　時刻を確認することで、「あと○時間しか眠れない」といった焦燥を高め、かえって眠れなくなることがある。

正答　①②

▶ 問 153　　　地域包括支援センター

85 歳の男性 A。A は一人暮らしで、介護保険は申請しておらず、認知症の診断もされていない。しかし、身辺自立はしているものの、室内の清掃が行き届かず、物を溜め込みがちであるので、地域ケア会議で、ホームヘルパーによる清潔管理を行っていく方針を取り決め、実施していた。ヘルパーを受け入れているようにみえたが、2 か月が経過した頃、A からホームヘルパーの利用を終わりにしたいと突然申出があった。

地域包括支援センターの対応として、適切なものを 2 つ選べ。

① 基本チェックリストの再確認
② グループホームへの入居の提案
③ 小規模多機能型居宅サービスの利用
④ 地域ケア会議での支援方法の再検討
⑤ 定期巡回・随時対応型訪問サービスの利用

重要事項

地域包括支援センターは 2005 年に改正された介護保険法に基づき設置された。保健福祉の総合相談や介護保険認定申請や高齢者福祉サービスの申請、高齢者の権利擁護、介護予防ケアマネジメントなどの業務を担っている。

① ○　介護予防ケアマネジメント業務においては、生活機能が低下しているおそれのある者を早期に把握することを目的とし、65 歳以上の者に対する身体計測や、問診などの取り組みが行われている。その問診の際に用いられるのが、「基本チェックリスト」である。基本チェックリストの内容は、日常生活の動作、運動機能、栄養状態、口腔機能、閉じこもり、認知機能、うつ、に関することなど、生活機能全般についてである。A の生活機能に関して基本チェックリストを再確認し、今後の支援方法を検討する必要があるといえる。

② ×　この段階では、A がグループホームへ入居する必要があるかどうか判断がつかない。現段階で提案を行うのは、尚早と考えられる。まずは、現在の A に関して再アセスメントを行い、支援方法の再検討を行う。また、A との信頼関係を損なわないよう、留意しながら介入を行う。

③ ×　前述のように、この段階では A が小規模多機能型居宅サービスを利用する必要があるかどうかの判断はできない。

④ ○　2 か月で突然利用終了の申し出があったことから、A の状態や周囲の状況の変化等も含め把握し、地域ケア会議で支援方法を再検討する必要がある。

⑤ ×　前述のように、この段階では A が定期巡回・随時対応型訪問サービスを利用する必要があるかどうかの判断はできない。

正答　①④

▶ 問 154

35 歳の男性A、会社員。うつ病の診断で休職中である。抑うつ感は改善したが、まだ夜間よく眠れず、朝起きづらく、昼間に眠気がある。通院している病院に勤務する公認心理師がAと面接を行っていたところ、Aは「主治医には伝えていないが、同僚に取り残される不安があり、早々に復職をしたい。職場に行けば、昼間は起きていられると思う」と話した。

このときの公認心理師の対応として、適切なものを2つ選べ。

① 試し出勤制度を利用するよう助言する。
② まだ復職ができるほど十分に回復していないことを説明する。
③ Aに早々に復職したいという焦る気持ちがあることを受け止める。
④ 同僚に取り残される不安については、これを否定して安心させる。
⑤ 主治医に職場復帰可能とする診断書を作成してもらうよう助言する。

重要事項

心の健康問題で休業している労働者の職場復帰までの流れと、ケアのポイントを押さえておく必要がある。通院先の公認心理師は本人の気持ちや考えを丁寧に聴き尊重しながらも、主治医と連携を行い本人の利益となるような支援を行う必要がある。休職中の労働者の職場復帰までの一連の流れについては、「改訂 心の健康問題により休業した労働者の職場復帰支援の手引き（厚生労働省 独立行政法人労働者健康福祉機構）」に詳しいので、目を通しておくことが望ましい。

① ×　試し出勤制度とは、正式な職場復帰決定の前に職場復帰の試みを行えるものである。社内制度として、模擬出勤、通勤訓練、試し出勤などを設けている場合がある。一般的な情報提供はできるが、制度利用を直接的に促すのは公認心理師の助言として不適当である。

② ○　抑うつ感は改善しているものの、適切な睡眠覚醒リズムが整っておらず、復職するための回復が十分とは言い難い。

③ ○　Aの焦る気持ちを受け止め尊重することは、公認心理師として適当な対応と考えられる。

④ ×　Aの気持ちを否定することは、安心には繋がらない。不安を受け止め適切な対処を共に考える姿勢が必要である。

⑤ ×　職場復帰可能とする診断書の作成は、主治医の判断によって行われる。Aの気持ちを尊重することは必要だが、診断書の作成を促すことは公認心理師の助言として不適当である。

正答　②③

問題文と解答については、一般財団法人 日本心理研修センターの許可を得て引用しています。解説等は学樹書院のものであり、日本心理研修センターは関知していません。

本書に関する update は以下のサイトでご確認ください。
www.gakuju.com/update/konin.html

書　名　第２回公認心理師試験　問題と解説
著　者　池田暁史／公認心理師試験対策グループ
印刷日　2020 年 01 月 30 日
発行日　2020 年 02 月 20 日

制作——株式会社麒麟三隻館
装丁・デザイン——大原あゆみ
印刷・製本——三報社印刷株式会社

発行所
株式会社　学 樹 書 院
〒 151-0061　東京都渋谷区初台 1 丁目 51 番 1 号
TEL 03 5333 3473　FAX 03 3375 2356
www.gakuju.com
ISBN 978-4-906502-45-5 C3011